있는 그대로 오스트레일리아

나의 첫 다문화 수업 04

있는 그대로 오스트레일리아

초판 1쇄 발행 2022년 3월 20일
초판 2쇄 발행 2023년 11월 10일

지은이 김하늘

기획 · 편집 도은주, 류정화
마케팅 박관홍
표지 일러스트 엄지
지도 일러스트 서지원

펴낸이 윤주용
펴낸곳 초록비책공방

출판등록 2013년 4월 25일 제2013-000130
주소 서울시 마포구 월드컵북로 402 KGIT 센터 921A호
전화 0505-566-5522 팩스 02-6008-1777

메일 greenrainbooks@naver.com
인스타 @greenrainbooks
블로그 http://blog.naver.com/greenrainbooks
페이스북 http://www.facebook.com/greenrainbook

ISBN 979-11-91266-30-6(04900)
ISBN 979-11-91266-17-7(세트)

* 정가는 책 뒤표지에 있습니다.
* 파손된 책은 구입처에서 교환하실 수 있습니다.

어려운 것은 쉽게 쉬운 것은 깊게 깊은 것은 유쾌하게

초록비책공방은 여러분의 소중한 의견을 기다리고 있습니다.
원고 투고, 오탈자 제보, 제휴 제안은 greenrainbooks@naver.com으로 보내주세요.

있는 그대로
오스트레일리아

김하늘 지음

초록비책공방

여러 가지 이면과 색깔이 있는 나라

"한국에 사는 사람들에게 오스트레일리아는 어떤 나라일까?"

이 질문은 내가 어렸을 때부터 나 자신에게 해온 질문이며 이 책을 쓰기 시작하면서 더욱 깊이 생각하게 된 질문이다.

내가 생각하기에 오스트레일리아는 호불호가 극명하게 나뉘는 나라이다. 유럽인은 오스트레일리아인이 무식하고 교양이 없다고 생각하며, 영국인은 예의와 격식보다는 솔직함이 먼저인 오스트레일리아인을 신기하게 바라본다. 한국인을 포함한 아시아인에게 비친 오스트레일리아인은 게으르고 느리며 인종 차별주의자로 보이기도 할 것이다.

하지만 20년 동안 이곳에서 산 나에게 오스트레일리아와 오스트레일리아 사람들은 조금 다르게 다가온다. 어렸을 때부터 폐가 좋지 않았던 나를 걱정하신 부모님은 내가 아홉 살 때 공기가 좋은 오스트레일리아로 이민을 결심하셨다. 원래 계획은 2~3년 정도 어학연수를 하고 한국으로 돌아가는 거였는데 부모님의 예상을 뛰어넘을 정도로 이곳에 빨리 적응한 나는 부모님을 설득해 초·중·고등학교뿐 아니라 대학까지 오스트레일리아에서 다닐 수 있었고 첫 직장 또한 이곳에서 얻었다.

나는 오스트레일리아에 도착한 첫날 하늘을 올려다보았을 때부터 이 나라가 좋았다. 그날 본 하늘은 그동안 내가 봐왔던 어느 하늘보다도 푸르렀다. 오스트레일리아의 새파란 하늘과 하얀 구름에 기분이 좋아진 나는 '이 정도로 하늘이 예쁜 나라라면 몇 년 살아도 괜찮지 않을까?'라고 생각했다.

알파벳을 전혀 몰라 영어로 이름조차 적지 못해 두려움 반 걱정 반으로 처음 학교에 가던 날, 교실을 이동하다가 청록색 나비를 보았다. 그 나비가 너무 예뻐서 낯선 학교에 대한 두려움도 잊어버린 채 또다시 청록색 나비를 보고 싶다는 기대로 열심히 학교를 다녔던 기억이 있다.

오스트레일리아가 어떤 사람에게는 넓고 푸른 자연의 나라, 캥거루와 코알라가 있는 영국의 식민지로 보일 테고, 또 어떤 사람에게는 폭력적이고 인종 차별이 만연한 나라로 비춰질지도 모른다. 하지만 모든 나라가 그러하듯이 오스트레일리아 또한 여러 가지 이면과 색깔이 있는 나라이다. 한국 사람이 보편적으로 알고 있는 오스트레일리아의 색깔이 '붉은' 사막과 '초록' 초원과 '하얀' 백호주의 나라라면 난 그 사이에 존재하는, 주말에 사람들로 붐비는 시드니 해변의 '황금색'과 오스트레일리아의 디저트인 파블로바의 '베이지색' 그리고 그레이트배리어리프 산호의 '청록색'에 대한 이야기를 전지적 오스트레일리아인 시점에서 풀어보고 싶었다.

이 책을 통해 오스트레일리아의 모든 것을 차근차근 소개하고자 한다. 오스트레일리아의 기본 정보, 지리, 역사, 정치, 동식물, 문화, 음식, 언어, 교육법, 삶의 방식, 스포츠, 공휴일 그리고 오스트레일리아 안의 한국에 대한 이야기를 하나씩 풀어놓을 생각이다. 오스트레일리아에서 온 언니 혹은 누나의 이야기를 듣는 것처럼 재미있게 오스트레일리아라는 나라에 대해 들어주길 바란다.

어렸을 때부터 책을 좋아한 내게 오스트레일리아에 대한 이야기를 쓰는 것은 몇 달간 퇴근 후 여가 시간과 주말을 반납해도 전혀 아깝지 않았을 정도로 의미가 깊은 일이었다. 한 번도 한국어로 긴 글을 써본 적이 없는 나를 믿어준 초록비책공방 출판사와 이런 기회를 소개해준 알파고 시나씨 오빠에게도 감사드린다.

아직 많이 부족하지만 지금껏 내가 이룬 모든 것이 부모님 덕이라는 것을 알게 된 순간부터 부모님에 대한 감사와 사랑은 점점 더 커져만 간다. 무엇보다 날 위해 한국에서의 삶을 포기하고 오스트레일리아 이민이라는 모험을 해주신 어머니 이경희 여사와 우리를 위해 홀로 묵묵히 한국에서 지원해주신 아버지 김용욱 기장님께 감사의 말을 전한다.

2부 오스트레일리아 사람들의 이모저모

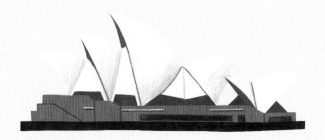

역사로 보는 오스트레일리아

 문화로 보는 오스트레일리아

5부 여기를 가면 오스트레일리아가 보인다

퀴즈로 만나는
오스트레일리아

다음의 퀴즈는 이 책을 보기 전에 알아두면 좋을 오스트레일리아에 대한 가장 기본적인 정보이다. 정답을 다 맞히지 못하더라도 퀴즈를 풀다 보면 오스트레일리아에 대한 호기심이 조금씩 생길 것이다.

영어 표기로 'Australia'인 이 나라를
우리나라에서는 '호주'라고 부른다.
이 나라의 정확한 명칭은 무엇일까?

Answer. 오스트레일리아

공식적인 명칭은 영어 표기 그대로 '오스트레일리아 연방*Commonwealth of Australia*'이지만 한국에서는 통상적으로 '호주'라고 부른다. 오스트레일리아의 한자 표기 때문인데 오스트레일리아를 중국에서는 '澳大利亞'로 표기하며 '아우다리아'라고 읽는다. 아우다리아에서 '아우'에 해당되는 澳를 한국식으로 읽으면 '호'가 되며 중국, 미국, 영국처럼 '호국豪国'이 아니라 넓은 지역이라는 뜻을 지닌 '주(州)'를 붙여서 '호주(濠州)'라고 부르게 되었다.

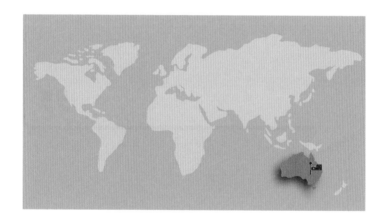

Q2.

오스트레일리아의 수도는
어디일까?

❶ 시드니 ❷ 캔버라 ❸ 맬버른 ❹ 브리즈번 ❺ 애들레이드

Answer. ❷ 캔버라

이 문제는 나라와 그 나라의 수도를 맞히는 예능 프로그램 퀴즈에 나오는 단골 문제이다. 인구가 가장 많고 개발이 잘된 도시이자 관광지가 풍부한 시드니를 수도라고 생각하는 사람이 많으나 오스트레일리아의 수도는 캔버라이며 1927년부터 연방 정부 국회가 이곳에서 열리고 있다.

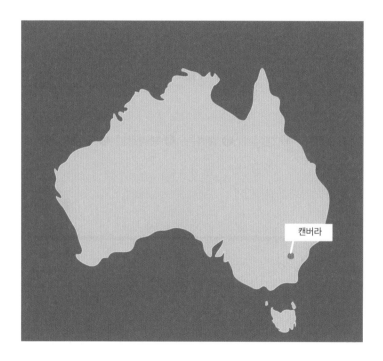

Q3.

"

오스트레일리아의 대통령은
누구일까?

"

Answer. 오스트레일리아에는 대통령이 없다.

오스트레일리아는 입헌 군주제 국가로 대통령이 없으며 국가 원수는 영국의 국왕인 찰스 3세이다. 영국의 식민지였던 오스트레일리아는 국가의 최고 지도자가 영국 여왕일 정도로 영국과의 유대가 깊다. 국기에도 '제국(영국)을 향한 충성심'을 의미하는 영국 국기가 들어있다. 그러나 오스트레일리아에서 실질적인 정치적 권력은 수상이 갖고 있다.

Q4.

영국의 식민지가 되기 전부터
오스트레일리아에서 민족 집단 사회를
형성하며 살았던 원주민의
명칭은 무엇일까?

Answer. 애보리지날

애보리지날_{Aboriginal}이라고 불리는 오스트레일리아 원주민은 5만 년 전
부터 오스트레일리아 대륙에서 수렵 및 채집 생활을 하며 살고 있었다.
유럽인이 이주해오면서 그들과 함께 들어온 질병과 백인과의 전쟁 등으
로 인구가 격감해 현재는 약 20만 명 정도 남아있다.

● 유감배_{Yugambeh}족 애보리지날(출처-Adam Jones, CC BY 2.0, via Flickr)

Q5.

오스트레일리아와 파푸아뉴기니에서
살고 있는 동물로 뒷다리가 길고,
균형을 잡기 위한 꼬리를 갖고 있다.
오스트레일리아의 국장에도 들어있는
이 동물은 무엇일까?

❶ 코알라 ❷ 토끼 ❸ 캥거루 ❹ 에뮤 ❺ 쿼카

Answer. ❸ 캥거루

캥거루는 전 세계에서 유일하게 오스트레일리아와 파푸아뉴기니에서만 발견된다. 앞다리보다 뒷다리가 길고, 균형을 잡기 위한 꼬리를 갖고 있으며 주로 밤에 활동하는 야행성 동물이다. 오스트레일리아의 대표적인 동물 중 하나인 캥거루는 뒤로 걸을 수 없고 앞으로만 걸을 수 있는데 이러한 특성 때문에 '앞으로 전진한다'는 의미를 담아 오스트레일리아의 국장에 들어가 있다.

● 오스트레일리아의 대표 동물 캥거루(출처-Robert Hoge, CC BY 2.0, via Flickr)

1부

굿데이!
오스트레일리아

내일이 오는 것을 두려워 말라.
오스트레일리아에서는 이미 내일이다.

– 찰스 슐츠*Charles M. Schulz*

남극 다음으로
강수량이 적은 나라

오스트레일리아는 남반구에 있는 국가로 남극과 아시아 사이에 위치해있으며 서쪽에는 인도양, 동쪽에는 태평양이 있으며, 크기는 약 768만 6,900제곱킬로미터로 한국의 77배가량 된다. 오스트레일리아는 전 세계에서 여섯 번째로 큰 나라이며 동

● 오스트레일리아의 위치

쪽의 시드니에서 서쪽의 퍼스까지의 비행시간은 4시간 50분으로 런던에서 카이로까지 가는 시간과 같다.

오스트레일리아는 '남쪽'을 뜻하는 라틴어인 'australis(오스트랄리스)'에서 유래되었다. 한국에서는 통상적으로 '호주'라고 불리는데 이는 오스트레일리아의 한자 표기 때문이다. 오스트레일리아를 중국에서는 '澳大利亞'로 표기하며 '아우다리아'라고 읽는다. 아우다리아의 '아우'에 해당되는 '澳'를 한국식으로 읽으면 '호'가 되며, 넓은 지역을 의미하는 '주(州)'를 붙여서 '호주(濠州)'라고 부르게 되었다.

국토의 30퍼센트에 80퍼센트의 인구가?

오스트레일리아의 국토 중 70퍼센트는 반건조 지대와 사막 지대이다. 2009년 조사에 따르면 사막 지대에는 인구의 1퍼센트에 해당하는 18만 명이 살고 있으며, 반건조 지대에는 인구의 2퍼센트에 해당하는 39만 4,000명이 살고 있다고 한다.

사막 지대에는 원주민과 광산에서 일하는 사람 그리고 원주민 복지 관련 일을 하는 공무원이 살고 있다. 이들을 제외한 오스트레일리아 사람의 약 80퍼센트는 해변 근방 100킬로미터 안에 거주하고 있다.

오스트레일리아의 오지는 매우 방대하고 고립되어있기 때문에 오지에 사는 사람을 위한 여러 가지 서비스가 존재한다. 가장 유명한 것은 '날아다니는 의사 서비스*The Royal Flying Doctor*

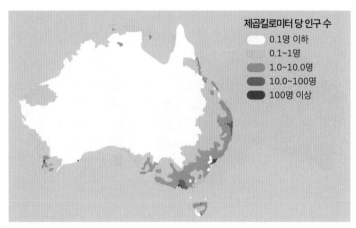

● 인구 분포도

Service'이다. 1928년 5월 퀸즐랜드주에서 시작된 이 의료 서비스는 현재 오스트레일리아 전체 지역으로 확장되었다.

한국과 반대인 날씨

오스트레일리아는 남반구에 위치해있기 때문에 한국과는 날씨가 반대이다. 남쪽으로 갈수록 따뜻해지는 한국과 달리 오스트레일리아는 북쪽으로 갈수록 따뜻해진다. 오스트레일리아는 9~11월까지가 봄, 12~2월까지가 여름, 3~5월까지가 가을, 6~8월까지가 겨울이지만 지역에 따라서 가을과 봄이 약

	사바나 기후
	스텝 기후
	사막 기후
	온난습윤 기후
	서안 해양성 기후
	온대 하계 건조 기후 (지중해성 기후)

● 오스트레일리아의 기후

1주일로 매우 더운 여름에서 바로 쌀쌀한 겨울로 넘어간다.

오스트레일리아 중앙부에 위치한 사막 지대는 일교차가 매우 심한데 낮에는 기온이 50도까지 올라가지만 저녁에는 19~0도까지 떨어질 수 있다.

오스트레일리아는 전 세계에서 남극 다음으로 강수량이 적은 나라이다. 오스트레일리아에서 가장 큰 강인 머레이강에서 1년간 흐르는 물의 양은 아마존강에서 하루 반나절 동안 흐르는 물의 양과 같다. 강수량이 적고 지형이 평평해서 강물의 흐름이 매우 느리기 때문에 강물이 큰 호수에 다다르기 전에 말라버린다고 한다.

노던 준주 사막에 위치한 앨리스 스프링이라는 도시에서는 매년 '헨리 온 토드Henley-on-Todd'라고 불리는 보트 경주가 열리

● 헨리 온 토드 보트 경주(출처-Mark Marathon, CC BY-SA 3.0, via Wikimedia Commons)

는데 물이 희박한 지역의 기후를 고려하여 이 경주에 참가하는 보트는 바닥이 없으며 보트 안에 사람이 들어가 달린다. 헨리 온 토드는 오스트레일리아의 기후와 오스트레일리아 사람의 유머 감각을 잘 보여주는 경기라고 할 수 있다.

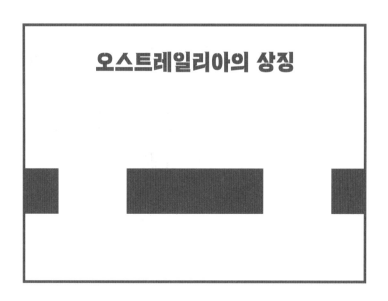

오스트레일리아의 상징

영국과의 관계를 알 수 있는 국기

오스트레일리아 국기는 어두운 파란색 바탕에 영국 연방의 일원임을 나타내는 영국 국기가 왼쪽 상단에 위치해있다. 왼쪽 하단에는 '연방의 별'이라고 불리는 일곱 개의 꼭짓점이 있는 별이 있고 여섯 개의 꼭짓점은 오스트레일리아 여섯 개의 주를, 나머지 하나의 꼭짓점은 오스트레일리아의 영토를 상징한다. 국기 오른쪽에는 다섯 개의 별이 있는데 이는 남반구에서만 볼 수 있다는 남십자성을 상징한다.

영국의 식민지였던 오스트레일리아는 아직까지도 국가 최고 지도자가 영국 여왕일 정도로 영국과의 유대가 깊다. 1901년

오스트레일리아가 국
가로 처음 공표되었
을 때 오스트레일리
아 정부는 국기 디자
인 공모전을 열었는
데 심사 기준 중 하나

● 오스트레일리아 국기

가 '제국(영국)을 향한 충성심'이었다. 이로 인해 대다수의 국기
후보작에 영국 국기가 들어가 있었고, 현재의 오스트레일리아
국기가 공모전에서 1등으로 선정되었다.

영적인 의미를 지닌 오스트레일리아 원주민의 기

18세기 영국이 오스트레일
리아를 식민지화하기 전 오스
트레일리아 대륙에는 원주민
이 살고 있었고, 원주민은 그
들만의 기를 갖고 있다.

● 오스트레일리아 원주민의 기

검은색, 빨간색, 노란색으
로 구성된 원주민의 기는 1971년 처음 게양되었다. 윗부분의 검
은색은 과거와 현재와 미래의 오스트레일리아 내 원주민을, 아
랫부분의 빨간색은 지구와 토지의 영적인 연관성을, 그리고 중

간에 위치한 노란색 원은 생명의 근원인 태양을 뜻한다. 원주민의 기는 처음 제작한 해롤드 토마스*Harold Thomas* 이름으로 저작권이 등록되어있어 저작권법상 그의 허락 없이 이를 복제할 수 없었다. 하지만 2022년 오스트레일리아 정부와 해롤드 토마스의 합의로 이제는 누구나 자유롭게 사용할 수 있다.

통합과 질서를 의미하는 국화

● 오스트레일리아의 국화

오스트레일리아의 국화는 '피크난사아카시아꽃'으로 넓은 초록색 잎을 가진 금색의 꽃이다.

오스트레일리아의 공식 색상이 이 꽃에서 비롯된 노란색과 초록색이며, 이는 올림픽과 같은 국제 대회에 나가는 국가 대표의 운동복 색상으로 주로 사용된다. 국민의 사랑을 받고 있는 국화 피크난사아카시아꽃은 오스트레일리아의 통합과 질서라는 의미를 지니고 있다.

오스트레일리아의 국장

오스트레일리아의 국장은 오스트레일리아를 대표하는 동물인 캥거루와 에뮤가 국화인 피크난사아카시아꽃 앞에 마주하는 모양이다. 뒤로 걷지 않는 동물인 캥거루와 에뮤는 앞으로 나아가는 오스트레일리아의 모습을 상징하고 있다.

● 오스트레일리아의 국장

중앙에 위치한 방패 안에는 나라를 구성하는 여섯 개의 주를 상징하는 문양이 그려져 있다. 방패 위쪽에는 오스트레일리아를 구성하는 주와 준주를 의미하는 노란색과 파란색으로 구성된 띠가 있고, 그 위에 '연방의 별'이라고 불리는 칠각별이 위치해있다. 방패 맨아래에는 공식 명칭인 'AUSTRALIA'가 쓰여져 있다.

오스트레일리아 국가의 변천

현재 오스트레일리아의 국가는 〈아름다운 오스트레일리아여 전진하라*Advance Australia Fair*〉이다. 이 곡이 국가로 채택되기 전에

는 영국 국가인 〈여왕 폐하 만세God Save the Queen 〉라는 곡이 국가
로 불렸다.

　오스트레일리아가 독립적인 국가로 성장하면서 오스트레일
리아만의 국가가 필요하다는 국민의 목소리가 커졌다. 새로운
국가에 대한 관심이 높아지자 1974년 오스트레일리아 정부는
국가로 사용할 만한 노래를 선정해 6만 명을 대상으로 여론 조
사를 펼쳤다.

　후보에 오른 곡들은 당시 사람들에게 인기가 많고 오스트레
일리아에 대한 상징성을 띠고 있던 노래로, 〈아름다운 오스트레
일리아여 전진하라〉, 〈왈츠를 추는 마틸다Waltzing Matilda〉, 〈오스트
레일리아의 노래Song of Australia 〉 등이 있었다. 그중 〈아름다운 오스
트레일리아여 전진하라〉라는 곡이 가장 많은 지지를 받아 당시
진보 정당의 의원이자 오스트레일리아의 수상이었던 고프 위틀
램Gough Whitlam이 이 노래를 오스트레일리아의 국가로 공표했다.

　그러나 고프 위틀램이 이 곡을 국가를 공표하고 얼마 지나지
않아 수상직에서 내려오게 되었고 뒤를 이어 수상이 된 보수 정
당의 의원인 말콤 프레이저Malcolm Fraser가 〈여왕 폐하 만세〉를 오
스트레일리아의 국가로 다시 지정했다.

　하지만 오스트레일리아만의 독자적인 국가를 갈망하는 여론
은 식지 않았고 결국 말콤 프레이저 정부는 1977년 어마어마한
규모의 세금을 투입해 전국 700만 명을 대상으로 설문 조사를
실시했다. 그 결과 40퍼센트가 넘는 오스트레일리아 국민이 〈아

름다운 오스트레일리아여 전진하라〉를 국가로 선택했다.

　오스트레일리아는 일 처리가 빠르지 않고 능률적으로 이루어지지 않는다. 1977년에 설문 조사 결과가 발표되었지만 〈아름다운 오스트레일리아여 전진하라〉가 국가로 공식 공표되기까지는 7년이 걸렸다. 오랜 행정 절차 끝에 오스트레일리아 총독에 의해서 국가가 공표된 날은 무려 1984년 4월 19일이다.

　그 과정에서 원래 이 노래의 가사였던 '오스트레일리아의 아들들이여 기뻐하라'라는 부분이 성평등 문제를 감안하여 '오스트레일리아인들이여 기뻐하라'로 변경되었다. 또한 2021년부터 '우리는 젊고 자유롭다네'이었던 가사가 '우리는 하나이며 자유롭다네'로 변경되었다. 이는 백인이 오스트레일리아에 정착하기 수만 년 전부터 이곳에 원주민이 살고 있었고 오스트레일리아는 젊은 나라가 아닌 수만 년의 역사를 가진 나라라는 점을 담고자 한 조치였다.

1절

Australians all let us rejoice
오스트레일리아인들이여, 기뻐하라

For we are one and free
우리는 하나이며 자유롭다네

We've golden soil and wealth for toil
우리는 노고를 통해 황금빛 토지와 풍요로움을 얻는다네

Our home is girt by sea
우리의 고향은 바다에 둘러싸여 있고

Our land abounds in nature's gifts
대지는 자연의 은혜가 넘쳐흐르고

Of beauty rich and rare
우리의 자연은 아름답고 풍요롭고 귀한 것이라네

In history's page, let every stage
역사의 한 페이지에서, 모든 무대에서

후렴

Advance Australia Fair
아름다운 오스트레일리아여 전진하라

In joyful strains then let us sing
즐거운 마음으로 다 함께 노래하자

Advance Australia Fair
아름다운 오스트레일리아여 전진하라

2절

Beneath our radiant Southern Cross
우리의 빛나는 남십자성 아래에서

We'll toil with hearts and hands
우리의 마음과 손을 모아 일한다네

To make this Commonwealth of ours
우리의 연방 국가를

Renowned of all the lands
세계에 알리기 위해서 말일세

For those who've come across the seas
바다를 가로질러 이곳에 온 사람들을 위해서

We've boundless plains to share
나눌 수 있는 무한한 토지를 가지고 있다네

With courage let us all combine
우리 모두 용기로 단결하자

후렴

Advance Australia Fair
아름다운 오스트레일리아여 전진하라

In joyful strains then let us sing
즐거운 마음으로 다 함께 노래하자

Advance Australia Fair
아름다운 오스트레일리아여 전진하라

오스트레일리아 국가 듣기

오스트레일리아의 수도
캔버라

● 캔버라의 위치

미국의 수도를 뉴욕, 터키의 수도를 이스탄불이라고 생각하는 사람이 많은 것처럼 오스트레일리아의 수도 역시 시드니라고 생각하는 사람이 많다. 시드니는 사람들에게 가장 많이 알려진 곳이지만 오스트레일리아의 수도는 '캔버라'이다. 이곳에는 약 39만 명이 살고 있고 이는 서울의 중랑구와 비슷한 인구이다.

1901년 오스트레일리아 연방 국가가 설립된 후 수도가 정해지지 않은 연방 국회는 임시방편으로 멜버른에서 국회 회의를 진행해왔다. 그 회의에서 뉴사우스웨일즈주 정부가 연방 국회의 새로운 거처를 찾는 조사를 하기로 했는데 봄발라, 야스-캔버라, 오렌지 세 곳이 추천되었다. 1908년 연방 정부는 야스-캔버라를 새로운 수도로 정했고 정부 소속 토지 측량사였던 찰스 스크리브너*Charles Scrivener*가 야스-캔버라를 정찰했다.

공모전을 통해 디자인된 계획 도시

1911년 연방 정부는 새로운 수도를 디자인하는 국제 공모전을 열었다. 130개 이상의 참가작 중 미국 시카고 출신 건축가인 월터 벌리 그리핀*Walter Burley Griffin*과 그의 아내 마리온 마호니 그리핀*Marion Mahony Griffin*의 디자인이 뽑혔다.

이들은 인공 호수를 바퀴 모양의 도로가 감싸는 스타일로 도시를 설계했다. 이런 이유로 캔버라에는 로터리가 매우 많다. 이 도시를 방문하는 오스트레일리아 사람은 우스갯소리로 캔버라를 지나다니면 멀미가 난다고 토로하기도 한다.

곤드와나 초대륙

아라비아
아프리카
마다가스카르
남아메리카
인도
호주
남극
뉴기니
뉴질랜드

● 곤드와나 초대륙

한때 오스트레일리아 대륙은 남아메리카, 남극, 아프리카 그리고 인도와 결합되어 있었으며 이 초대륙을 '곤드와나*Gondwana*'라고 불렀다. 하나의 대륙이었기 때문에 각각의 지역에 비슷한 동물이 서식한다.

곤드와나 초대륙은 1억 5,000만 년 전에 조각나 이동했다. 오스트레일리아 대륙의 이동과 화산의 폭발은 몇백만 년 전에 끝났고 한때 높았던 산은 시간이 지나면서 깎여져 언덕으로 변형되었다. 그 결과 오스트레일리아는 세계에서 가장 낮고 평평한 대륙으로, 평균 고도가 고작 해발 300미터이다. 이는 아시아 평균 해발 고도가 960미터인 것을 감안하면 매우 낮은 고도이다.

다른 대륙과 분리된 오스트레일리아는 비교적 고립된 상태였기 때문에 이곳의 동식물을 독자적으로 진화해왔다. 현재 오스트레일리아는 인도-오스트레일리아판에 위치해있으며 이 지각판 위에는 인도 남부부터 인도네시아, 뉴질랜드 그리고 오스트레일리아가 있다.

여섯 개의 주와
세 개의 준주

　오스트레일리아는 여섯 개의 주와 세 개의 준주로 나뉘어
져 있다.* 여섯 개의 주는 웨스턴오스트레일리아주, 사우스오
스트레일리아주, 빅토리아주, 태즈메이니아주, 뉴사우스웨일
즈주, 퀸즐랜드주이고, 세 개의 준주는 노던 준주, 오스트레일
리아 수도 준주, 저비스 베이 준주이다. 저비스 베이 준주를 제
외한 모든 주와 준주는 수도 도시가 따로 있으며 대부분의 오

● 오스트레일리아가 연방 국가가 되기 전에 분리된 영국의 식민지였던 장소는 오스
트레일리아가 연방화되면서 주가 되었고, 분리된 식민지가 아니었던 곳은 준주가 되
었다. 오스트레일리아 수도 준주는 연방 국가 설립 이후 만들어졌기 때문에 준주가 되
었다. 주는 오스트레일리아 헌법상 권리가 인정되어 연방 정부가 주를 제한할 수 있는
방식이 한정되어있지만, 준주는 준주 정부가 따로 있긴 하지만 헌법상 권리가 없기 때
문에 철저히 연방 정부의 지휘권 범위 내에 있다.

● 오스트레일리아의 주와 준주

스트레일리아 사람은 해변 근처에 있는 도시 구역에 거주한다.

여기서는 주와 준주로 나뉘어져 있는 오스트레일리아의 지역적 특성과 각 주와 준주의 주요 도시에 대해서 살펴보자.

오스트레일리아 수도 준주

1901년 오스트레일리아 연방 국가 설립은 공표되었지만 수도는 아직 정해지지 않았다. 임시 방편으로 멜버른에서 국회

● 오스트레일리아의 수도 캔버라

회의를 진행했는데, 뉴사우스웨일즈주 정부가 연방 국회의 수도를 정하기로 했다. 1908년 연방 정부는 추천받은 봄발라, 야스-캔버라, 오렌지 중 캔버라를 새로운 수도로 정하고 1911년 1월 1일에 오스트레일리아 수도 준주를 공표했었다.

1927년에는 연방 정부 국회는 멜버른에서 캔버라로 이전했으며 현재 캔버라에는 연방 정부 국회와 함께 오스트레일리아 명문 대학교 중 하나인 오스트레일리아국립대학교와 약 60여 개국에서 파견된 대사관, 영사관 등 외교 사절단이 상주하고 있다. 또한 대법원과 전쟁 기념관 등 주요 국가 시설과 연방 정부 부서들의 본부가 있어 다른 도시에 비해 공무원의 거주 비율이 압도적으로 높다.

뉴사우스웨일즈주

빅토리아주와 함께 오스트레일리아에서 제일 도시화된 지역으로 주도는 시드니이다. 따뜻하고 햇볕 쨍쨍한 날씨를 자랑하며 전국의 큰 도로와 철로가 교차하는 지점으로 오스트레일리아 무역의 중심지이다.

시드니는 전 세계 도시 중 여덟 번째로 이민자가 많으며 시드니 거주자 중 38.2퍼센트가 집에서는 영어가 아닌 언어를 사용한다고 한다. 강을 중심으로 형성된 주요 다른 도시와 다르게 시드니 중심부에는 강이 없다. 대신 시내에서 15분 정도 떨어진 곳에 세계적으로 유명한 본다이 해변이 있다.

빅토리아주

오스트레일리아에서 가장 진보적인 성향을 띠는 지역이며 주도는 멜버른이다. 멜버른은 1835년 두티갈라 원주민 집단에게서 밀가루 50파운드(약 27킬로그램), 손수건, 칼, 망원경 그리고 담요를 주고 구입했다고 한다.

멜버른은 부, 고상함 그리고 세련됨을 자랑하는 도시로, 골드러시 당시 빅토리아주에 많은 돈이 몰린 덕분에 정부 소유의 화려하고 고풍적이며 멋진 건물이 많이 있다. 이곳은 시드

● 뉴사우스웨일즈주의 주도인 시드니

● 멜버른의 그래피티 골목

니에 이어서 전 세계에서 열 번째로 이민자가 많은 지역이다.

현재 멜버른은 오스트레일리아 금융의 중심지로, 한국에서 예전에 방영한 드라마 〈미안하다 사랑한다〉에서 나온 그래피티 골목이 유명하다. 멜버른에는 기차와 버스 이외에 트램이 있는데 전 세계 트램 시스템 중 규모가 가장 크며 시내 중심부에서는 무료로 운영된다.

멜버른은 특히 커피, 브런치, 와인 등으로 유명하며 오스트레일리아에서 가장 유명한 카페와 커피 로스터리가 모여있다.

사우스오스트레일리아주

대부분이 건조한 오지 지대이지만 바다 쪽으로 갈수록 점점 푸른 풍경을 볼 수 있다. 와인을 비롯해 여러 가지 특산물로 유명한 이곳의 주도는 애들레이드이다. 애들레이드는 죄수 식민지였던 다른 도시와 달리 처음부터 도시로 설립되었다.

애들레이드의 주요 도로는 소가 끄는 큰 마차가 유턴할 수 있도록 처음부터 넓게 설계되었다. 이 지역의 기후는 지중해성 기후와 비슷하며 여름에는 해가 10시간 이상 떠 있다.

웨스턴오스트레일리아주

오스트레일리아에서 가장 큰 면적을 차지하는 웨스턴오스트레일리아주는 다양한 기후 덕분에 반짝이는 모래사장을 가진 푸른 해변과 메마른 오지 그리고 남서쪽에 펼쳐진 포도밭 모두를 볼 수 있다. 자원이 풍부하고 어업이 발달된 것도 특징이다.

주도인 퍼스는 오스트레일리아의 주요 항구 중 하나이다. 겨울에는 비가 많이 오고 여름에는 건조하고 뜨거운 기후는 수상 레포츠의 발달을 가져왔다. 야외 활동을 즐기는 사람에게는 최상의 도시이다.

퀸즐랜드주

북쪽에는 그레이트배리어리프, 남쪽에는 골드코스트가 있는 이 지역은 관광지가 많은 열대 지방으로, 브리즈번이 주도이다. 브리즈번은 시드니, 멜버른에 이은 오스트레일리아 제3의 도시이다. 브리즈번 사람은 시드니와 멜버른 사람보다 더 상냥하다는 인식이 있다.

브리즈번 중심부에는 강이 흐르는데 지리적 특성상 강에 흙이 많이 흘러와서 항상 갈색을 띤다. 강물 색깔 때문에 '갈색 뱀'이라는 별명으로 불린다.

● 기후도 사람들도 따뜻한 관광 도시 브리즈번

● 군사적 주요 거점인 노던 준주

노던 준주

서쪽으로는 웨스턴오스트레일리아주, 동쪽으로는 퀸즐랜드 주, 남쪽으로는 사우스오스트레일리아주와 경계를 마주하고 있는 노던 준주는 국토 대부분이 사막으로 이루어졌다. 이곳의 수도인 다윈은 중요한 군사적 거점으로 활용되고 있다.

태즈메이니아주

오스트레일리아에서 유일하게 사막이 없는 지역으로 모든 토지가 비옥하며 대부분 산으로 이루어져 있다. 태즈메이니아 주의 수도는 호바트이다. 시드니 다음으로 오래된 도시인 호 바트는 도시 설립 당시의 모습이 거의 그대로 보존되어있다.

저비스 베이 준주

이 섬에는 사람이 거주하고 있으며, 한때 오스트레일리아 수도 준주에 포함되어있었기 때문에 오스트레일리아 수도 준 주의 법이 적용된다. 지금도 프레이저 선거구(오스트레일리아 수 도 준주의 하원들의 선거구)에 포함되어있다.

자국민에게도 생소한
특별 영토 지역

한국 사람뿐 아니라 오스트레일리아 사람들도 여섯 개의 주와 세 개의 준주로 나눠진 지역 외의 오스트레일리아 영토에 대해서는 잘 알지 못한다. 이 지역은 주 단위의 정부가 따로 없다. 연방 정부가 관리하고 있기 때문에 연방 정부의 법을 따른다. 지금부터 생소하고 신기한 오스트레일리아의 특별 영토 지역에 대해 살펴보도록 하자.

코코스섬

27개의 산호섬으로 이루어진 코코스섬은 두 개를 제외하

● 연방 정부가 관리하는 특별 영토 지역

고는 모두 무인도이다. 이 섬의 거주민들은 1984년 투표를 통해 자발적으로 오스트레일리아에 속하기로 결정했다고 한다. 약 600여 명의 거주민이 이슬람교를 믿으며 말레이에서 파생된 언어를 사용한다. 지역민들은 서로 다른 나라에서 와 이곳에 정착했지만 오스트레일리아와 떨어져 있어 150년 이상 고립되어있었기 때문에 그들만의 강한 유대감과 공통된 정체성을 갖고 있다.

크리스마스섬

인도양에 위치한 이 섬에는 2,000여 명이 거주하고 있으며 60퍼센트는 중국 인종, 25퍼센트는 말레이시아 인종, 15퍼센트는 유럽 인종이다.

애쉬모어섬과 카르티에섬

인도양 끝자락에 위치한 무인도로, 1931년에 오스트레일리아 관할이 되었다. 산호와 모래 위에 풀이 듬성듬성 자라있는 모습이 보인다.

산호바다섬

1969년 오스트레일리아 영토로 인정받은 이 섬에는 천문학자 서너 명을 제외하고는 사람이 살지 않는다. 2004년에는 오스트레일리아인 성소수자들이 이곳을 지배해 '게이와 레즈비언의 왕국'으로 이름 짓고 오스트레일리아와의 전쟁을 선포하기도 했다. 이는 동성애 결혼을 합법화하지 않은 오스트레일리아 정부에 항의하기 위한 이벤트였다. 2017년 오스트레일리아에서 동성애 결혼이 합법화되면서 전쟁 선포는 철회되었고 '게이와 레즈비언의 왕국' 역시 해산되었다.

노폭섬

2016년 기준 총 1,748명이 살고 있다. 오스트레일리아에 백인이 처음 정착했을 때의 흔적을 볼 수 있어서 관광지로 유명하다.

● 노폭섬

허드섬과 맥도날드섬 영토

남극에서 약 1,000킬로미터 정도 떨어져 있으며 오스트레일리아 유일의 화산과 빙하 그리고 제일 높은 산이 있다. 인간과의 접촉이 거의 없었기 때문에 전 세계에서 몇 안 되는 자연 그대로의 생태계를 유지하고 있기도 하다. 섬을 에워싼 바다에도 독특하고 중요한 바다 생물이 많이 살고 있다.

오스트레일리아 남극 영토

남극의 42퍼센트에 해당하는 이 지역은 원래 영국 소유였으나 1936년 오스트레일리아로 이전되었다.

울릉공? 인드로필리?
신기한 오스트레일리아의 지명

오스트레일리아의 지명은 패딩턴, 시드니, 리치몬드처럼 영국에 있는 도시나 마을의 명칭을 빌려온 곳도 많지만 투움바, 울릉공, 울루물루, 인드로필리처럼 다소 생소하게 느껴지는 지명도 많다.

이런 지역들은 해당 지역 원주민의 언어인 경우가 많은데, 예를 들어 오스트레일리아의 수도 캔버라는 오스트레일리아 각 지역을 대표하는 여러 국회 의원이 만나서 토론하는 장소인 만큼 캔버라 지역 원주민의 언어인 눈나왈어로 '만남의 광장'이라는 뜻을 갖고 있고, 다섯 개의 섬이 있는 바다 앞 해안 도시인 울릉공은 이 지역 원주민의 언어인 워디워디어로 '다섯 개의 섬'이라는 단어에 어원이 있다고 한다.

언어마다 표기가 불가능한 발음들이 있기에 나온 지명도 있다. 일본어로 맥도날드가 '마쿠도나루도'로 표기되는 것처럼 영어 단어가 원주민의 언어로 표기되었다가 다시 영어로 변환되면서 나온 지명도 있는데 바로 퀸즐랜드 동남부에 있는 도시인 투움바가 그런 경우이다. 투움바는 영어 단어로 늪을 뜻하는 '스웜프*swamp*'가 해당 지역 원주민 언어로 변환되었을 때 '스' 발음이 존재하지 않아 '투'로 변환되었고, '프' 발음이 '파'로 변환되면서 '투왐파'가 되었다가 다시 영어로 변환되면서 '투움바'가 된 것이라 한다.

오스트레일리아의
다양한 언어

오스트레일리아에서 사용되는 언어

다양한 인종이 살고 있는 나라답게 오스트레일리아에서는 공식 언어인 영어 이외에 약 300개의 언어가 사용되고 있다. 오스트레일리아 국민 중 약 21퍼센트가 영어가 아닌 언어를 집에서 사용하고 있으며, 특히 중국어는 40명 중 한 명이 집에서 사용하는 언어라고 한다. 중국어 다음으로는 아랍어, 광둥어, 베트남어, 이탈리아어 순으로 많이 사용하고 있다.

과거 라디오나 TV에서는 공식 언어인 영어로만 방송하기도 했으나 1975년 이후부터 영어가 아닌 다른 언어로 방송하는 라디오 프로그램이 등장하기 시작했고, 1978년부터는 다양한 언어로 TV 프로그램이 만들어지기 시작했다.

갈수록 줄어드는 오스트레일리아 원주민의 언어

여러 나라의 언어 외에도 오스트레일리아 원주민이 사용하는 언어도 있다. 영국이 오스트레일리아를 침략하기 전부터 이곳에는 약 300개의 원주민 언어가 존재했으며 이 중 약 90개의 언어가 현재까지 사용되고 있다. 그러나 원주민 아이들이 유창하게 구사할 수 있는 언어는 약 20개 정도밖에 안 된다.

2021년의 오스트레일리아의 인구 조사에 따르면 원주민 중 약 9.5퍼센트 정도가 가정에서 원주민 언어를 쓴다고 한다. 같은 문항의 1991년 인구 조사의 결과가 16.4퍼센트인 걸 생각해보면 원주민 언어를 사용하는 가구들은 점점 줄어드는 추세이다. 가장 많이 사용되고 있는 원주민 언어는 잠바르뭉구인데 이마저도 3,839명만이 구사하는 것으로 조사되었다.

이러한 추세라면 머지않는 시기에 많은 원주민의 언어가 소멸될 것 같아 아쉽기만 하다. 원주민 언어를 살리기 위해 원주민 단체에서는 원주민 언어로 된 책을 출판하는 등 여러 노력을 기울이고 있다.

오스트레일리아식 영어 발음

　흔히 우리가 쓰는 영어와 오스트레일리아 영어는 발음이 달라서 우리나라 사람들이 알아듣기 힘들다고 말한다. 그러고는 오스트레일리아 영어 발음이 우리가 배운 영어와 다르게 들리는 이유로 몇 가지 설이 회자되는데, 오스트레일리아에는 파리가 많아서 입을 최대한 벌리지 않고 말하다 보니 억양이 바뀌었다는 설과 꽃가루가 많아서 알레르기 반응 때문에 코맹맹이 소리가 난다는 설이 그러하다. 심지어 게을러서 그렇다는 루머도 있다.

　하지만 언어학자들에 따르면 위와 같은 이유는 모두 우스갯소리일 뿐이며 사실 오스트레일리아 사람들의 발음은 처음 오스트레일리아에 정착한 사람들(동남쪽의 영국, 아일랜드, 스코틀랜드)의 발음이 섞여서 나온 결과물이라고 한다.

　한국이나 미국 혹은 영국은 지역별로 억양이 다르지만 오스트레일리아는 어느 지역을 가도 억양이 비슷하다. 미국의 경우 이민자들이 육로로 느리게 움직여서 지역별로 다른 억양을 구사하지만 오스트레일리아는 뉴사우스웨일즈를 기점으로 해로를 통해 이민자들이 빠르게 흩어졌기 때문에 지역별로 억양 차이가 없다고 한다.

사회 계층에 따라 차이가 나는 발음

오스트레일리아는 지역별로 억양이 다르지 않지만 사람에 따라 발음의 차이는 있다. 언어학자들은 오스트레일리아 영어의 발음을 '교양 있는 발음'과 '일반적인 발음', '사투리 발음'으로 나누고 있다. 이는 사람들의 교육 수준, 성별, 거주 지역 등에 따라 영향을 받는다.

교양 있는 발음부터 사투리 발음으로 진행될수록 모음 발음이 점점 더 길어지고 늘어지기 때문에 사투리 발음의 경우 느긋하고 게으른 인상을 줄 수도 있다. 교양 있는 발음은 흡사 영국 발음과 비슷하며 오스트레일리아에 정착한 관료직들이 사용한 발음으로 알려져 있다. 현재는 상류층이나 엘리트 계층과 같이 사회적으로 지위가 높거나 교육 수준이 높은 사람들이 쓰는 발음이기 때문에 오히려 일반 서민은 이 발음을 쓰는 사람들을 못 미더워하거나 허영심 있는 사람이라고 취급하기도 한다.

이에 반해 사투리 발음은 보편적으로 시내에서 떨어진 지역에 있는 사람들이 주로 쓰며 여자보다 남자들이 주로 사용한다. 진정한 서민 발음이라는 인식이 있어서인지 이 발음을 사용하는 운동선수, 연예인, 정치인은 소탈해보인다는 이유로 호감을 얻기도 한다.

오스트레일리아식 영어 배워보기

영어권 국가 중 오스트레일리아는 줄임말과 은어를 많이 쓰는 것으로 유명하다. 특히 다른 영어권 국가에서는 비속어로 쓰이는 'Bloody(피투성 이인)'라는 단어를 강조의 표현으로 사용하며 일상생활에서 쓰이는 긴 단어는 대개 줄임말로 표현한다.

줄임말

원어	줄임말	뜻
Afternoon	Arvo	오후
Ambulance	Ambo	구급차
Barbeque	Barbie	바비큐
Biscuit	Bikkie	비스킷
Board Shorts	Boardies	물놀이용 반바지
Bottle Shop	Bottle-o	술 전용 슈퍼마켓
Breakfast	Brekkie	아침 식사
Chicken	Chook	닭
Definitely	Defo	분명하다
Devastated	Devo	충격 받은

원어	줄임말	뜻
Kindergarten	Kindy	유치원
Mcdonald's	Maccas	맥도날드
Mosquito	Mozzie	모기
Politician	Polly	정치인
Sandwich	Sanger	샌드위치
Service Station	Servo	휴게소 혹은 주유소

은어

원어	뜻
Big Smoke	도시
Bikie	오토바이를 타고 다니며 가죽점퍼를 입고 다니는 조직폭력배
Bloke	오스트레일리아 남자
Bludger	게으른 사람
Bogan	무식하고 고지식한 사람
Cheapskate	구두쇠
Chunder	구토
Crook	(사람) 믿음직스럽지 않은, (물건)상태가 좋지 않은
Cuppa	따뜻한 커피나 차 한 잔
Daggy	유행이 지났거나 보기 흉한
Down-under	오스트레일리아

원어	뜻
Durry	담배
Esky	아이스박스
Flat out	매우 바쁨
Iffy	못미덥다
Ranga	빨간 머리카락을 가진 사람
Sick	멋있다
Snags	소시지
Stoked	매우 기분이 좋은 것
Sunnies	선글라스
Sook	불평하는 사람
Woop woop	매우 외진 곳
Wuss	겁쟁이
Yewy	유턴

재미있는 표현

Carry on like a pork chop

직역 폭 찹마냥 계속하다

의미 바보 같은 행동을 하거나 대단하지 않은 문제에 대해서 끊임 없이 불평하는 모습

Could eat a horse

직역 말도 먹을 수 있겠다

의미 매우 배고픈 상태

Couldn't fight his way out of a paper bag

직역 종이봉투도 못 찢고 나올 사람

의미 매우 힘이 약한 사람

Could talk under wet cement

직역 젖은 시멘트 아래에서도 말하겠다

의미 매우 말이 많은 사람

Dog's breakfast

직역 개의 아침밥

의미 매우 어지럽거나 혼란스러운 상황

Donkey's years

직역 당나귀의 시간들

의미 매우 긴 시간

Full of beans

직역 콩으로 가득 찬

의미 에너지가 넘치는

Get on like a house on fire

직역   불난 집처럼 잘 붙는다

의미   서로 너무 잘 맞는 사람

Head like a half-sucked mango and a body like a burst sausage

직역   반쯤 먹은 망고 같은 얼굴에 터진 소시지 같은 몸

의미   못생겼다는 것을 표현한 욕

In the Cactus

직역   선인장 안

의미   문제가 생김

Like watching paint dry

직역   페인트 마르는 것을 구경하는 느낌

의미   매우 재미없는 일

Nothing between the ears

직역   귀 사이에 아무것도 없다

의미   무뇌

Not the sharpest tool in the shed

직역   창고에 있는 제일 날카로운 공구가 아니다

의미   느리거나 멍청한 사람

Pot calling the kettle black

직역　냄비가 주전자 보고 검다고 한다

의미　똥 묻은 개가 겨 묻은 개 나무란다

Were you born in a tent?

직역　넌 텐트에서 태어났니?

의미　계속 문을 열어놓고 다니는 사람에게 면박을 줄 때 하는 말

What's the John Dary?

직역　존 도리가 뭐야?

의미　재미있는 이야기 혹은 가십거리가 무엇인지 물어볼 때 쓰는
표현으로 오스트레일리아에서 흔히 발견되는 물고기인 존
도리가 '스토리'와 라임이 된다는 이유로 쓰이는 표현

What's your beef?

직역　너의 소고기가 뭐야?

의미　너의 문제가 뭐야?

함께 생각하고 토론하기

오스트레일리아는 역사적으로 여러 이민자가 모이면서 자연스럽게 인종적, 종교적, 문화적 다양성을 포용하게 되었습니다. 덕분에 학교에서 여러 나라 언어를 배우고, 식당에서는 여러 나라의 음식을 접할 수 있습니다. 또한 다양한 축제와 공연 등을 통해 여러 문화를 체험해 볼 수 있는 기회가 많습니다.

● 오스트레일리아는 다양한 인종이 사는 나라 중 하나입니다. 오스트레일리아처럼 다문화주의 사회의 장점과 다문화 사회의 구성원이 겪을 수 있는 어려움에 대해 토론해봅시다.

●● '넌 젖은 시멘트 아래에서도 말하겠다.', '반쯤 먹은 망고 같은 얼굴에 터진 소시지 같은 몸', '페인트 마르는 것을 구경하는 느낌' 등 오스트레일리아에서만 쓰이는 재미있는 표현이 있습니다. 영어권 사람이 들었을 때 신기하고 재미있을 만한 한국의 표현을 소개해봅시다.

2부

오스트레일리아
사람들의 이모저모

인종, 정치적 신념, 종교, 그런 것은 다 상관없이
우리는 모두 오스트레일리아인이다.

– 네빌 보너 *Neville Bonner*

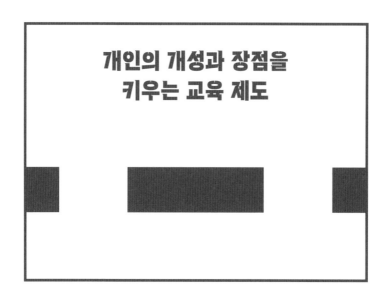

개인의 개성과 장점을
키우는 교육 제도

오스트레일리아의 교육 제도는 주 정부의 관할이며 주마다 조금씩 다른 교육 체계와 커리큘럼을 가지고 있다. 하지만 커리큘럼의 큰 틀은 연방 정부의 가이드라인을 따르고 있기 때문에 다른 주로 이동하더라도 교육에 큰 영향을 미치지는 않는다. 연방 정부가 고안한 커리큘럼은 예술, 영어, 외국어, 체육, 사회, 수학, 과학 그리고 기술로 총 여덟 가지이다.

주 정부 관할의 교육 제도

교육이 주 정부의 관할이어서 좋은 점이 몇 가지 있다. 그중 하나가 주마다 교육의 목적과 지향점에 따라 맞춤 교육 체계를 기획할 수 있다는 점이다. 예를 들어 노던 준주에는 학생이 2만 5,000여 명밖에 되지 않지만 뉴사우스웨일즈주에는 65만 명이 넘는다. 상대적으로 학교 규모가 작은 노던 준주의 교육 체계는 학교가 많고 규모가 큰 뉴사우스웨일즈주의 교육 체계와 다를 수밖에 없다.

실제로 오스트레일리아에서는 지방으로 갈수록 소규모의 초등학교가 매우 많다. 여덟 개 중 한 군데 정도가 전교생 수가 35명 이하이고, 25퍼센트 정도는 전교생 수가 100명 이하이다. 오지에 살고 있는 아이들은 '공중의 학교 *School of the Air*'라고 불리는 서신형 수업을 받는데 이는 비디오와 라디오를 통해 홈스쿨링을 해주는 제도이다.

오스트레일리아에서는 만 6세부터 의무교육이며 만 5세부터 공식 교육을 받아야 하는 주도 있다. 초등학교는 주에 따라 6년제 혹은 7년제이다. 대부분의 초등학교는 남녀 공학이고 약 20퍼센트가 초·중·고등학교가 통합되어있는 형태로 전학을 가지 않는 한 12년 동안 같은 학우들과 학교를 다닌다.

오스트레일리아에서는 중·고등학교를 '하이 스쿨 *High school*'이라고 부르며 6년제로 통합되어있다. 주마다 조금씩 다르지만 만 12~13세일 때 진학하며 만 17~18세에 졸업한다.

● 오스트레일리아의 초등학교(출처-Bahnfrend, CC BY-SA 4.0, via Wikimedia Commons)

● 오스트레일리아 학교 교실 내부(출처-Orderinchaos, CC BY-SA 3.0, via Wikimedia Commons)

오스트레일리아 교육의 특성, 선택과 집중

오스트레일리아 교육 체계의 장점은 개개인의 개성과 장단점을 존중하고, 최대한 장점을 살리는 교육을 한다는 것이다. 물론 오스트레일리아 교육 체계가 완벽하다고 말할 수는 없다. 학업 성취도와 국제 대회 수상 기록은 다른 나라에 비해 떨어질 수 있지만 모든 학생에게 같은 기대치를 요구하기보다 학생 개개인이 잘하는 것을 더 잘하도록 하는 데 중점을 두고 있다.

주와 학교마다 조금씩 다를 수 있으나 내가 학업을 마친 퀸즐랜드주는 중학교 진학 후 영어, 사회, 수학, 과학, 체육 등의 기본 과목뿐 아니라 중국어, 독일어, 프랑스어, 이탈리아어, 일본어, 스페인어 등의 외국어 과목 중 하나를 선택하고 건축 엔지니어링, 디자인, 디지털 기술 등 산업 기술 분야에서도 한 과목을 선택하며 댄스, 음악, 연기, 미디어, 미술 등의 예술 분야에서도 하나를 선택한다.

중학교 때부터 대학생처럼 본인이 배우고 싶은 영역을 선택할 수 있는데 나중에 고학년이 되었을 때는 영어와 수학만 필수 과목이고 이마저도 본인의 취향과 특기에 따라 난이도를 설정해서 들을 수 있다. 예를 들어 수학에는 흥미가 없지만 문학에 관심이 많은 학생이라면 영어는 심화 과정으로, 수학은 난이도가 제일 낮은 과정을 선택하면 되고, 문학이 싫은 이과 스타일의 학생이라면 심화 수학과 기본 영어를 선택할 수 있다.

고학년은 여섯 과목을 수강하며 필수인 영어와 수학을 제외한 나머지 네 개의 과목은 자율적으로 고를 수 있는데 디자인, 엔지니어링, 회계학, 경영학, 법학, 보건학, 체육, 고대사, 경제학, 지리학, 현대사, 철학, 중국어, 프랑스어, 독일어, 이탈리아어, 일본어, 스페인어, 생물, 화학, 물리, 심리학, 댄스, 연기, 음악, 미디어, 미술 등 선택할 수 있는 과목이 매우 방대하다.

누가 봐도 문과 위주의 과목을 조합할 수도 있고 영어, 수학, 생물, 화학, 물리, 엔지니어링처럼 누가 봐도 이과 위주의 과목을 조합할 수도 있다. 혹은 댄스, 음악, 화학과 회계학을 병행한다든가 고대사, 물리, 연기, 체육을 병행하는 독특한 조합도 찾아볼 수 있다. 이러한 사실은 오스트레일리아의 교육 체계가 얼마나 개개인의 개성을 존중해주는지를 대변하고 있다.

학교 졸업 후 진로

하이 스쿨을 졸업한 학생들이 대학에 진학하는 방법은 주마다 다르다. 그러나 대부분의 주가 고등학교 3학년을 대상으로 10월이나 11월에 학업 성취도 시험을 실시한다. 이 시험은 학생이 학교에서 수강한 과목에 한해서만 이루어지는데, 이는 외국어나 과학에 소질이 없더라도 다른 분야를 뚜렷하게 잘한다면 비교적 쉽게 대학교에 진학할 수 있게 해준다.

오스트레일리아는 전국적으로 만 17세까지는 의무 교육을 받아야 하고 대학에 진학하려면 하이 스쿨을 졸업해야 하지만 대학에 진학할 생각이 없는 경우 만 15세 혹은 만 16세에 학교를 그만두고 직업 학교에 진학하거나 견습직을 시작할 수도 있다. 이 경우 주 25시간 이상 근무하는 것으로 의무 교육을 대체할 수 있기 때문에 공부에 뜻이 없거나 다른 이유로 일찍 사회 경험을 쌓고 싶은 아이들은 고등학교 교육 대신 전기공, 미용사, 목공, 공인 중개사 등이 되기 위한 직업 교육을 받고 견습을 시작한다.

직업에 대한 편견이 비교적 없는 사회 특성상 학교를 그만두고 일찍 직업을 갖게 된 아이를 부정적인 시선으로 바라보지 않는다. 부모 또한 자녀가 학교를 자퇴하고 일찍 기술을 배운 것에 대해 당당하고 자랑스럽게 말한다.

일찍 적성을 찾아 어린 나이에 본인이 하고 싶은 기술을 배운 아이 또한 고등학교와 대학을 졸업하고 취업한 아이와 다르다고 느끼지 않는다. 오히려 일찍 경제 활동을 시작한 만큼 경제적으로 훨씬 더 풍요로운 경우도 흔하다.

진학과 구직에 중요한 체육 활동

오스트레일리아 교육 체계에서 체육은 수업 과목 이상으로 중요한 역할을 한다. 어린이 중 3분의 2가 11세 이전에 특정한 운동을 위한 체육단에 들어가는데 초등학교 때부터 네트볼, 축구, 배드민턴, 탁구, 배구, 농구, 럭비, 크리켓, 하키, 테니스 등을 기본적으로 하고 학교에 따라서 로잉, 수구, 펜싱, 리듬 체조, 볼링, 골프도 배울 수 있다.

● 크리켓을 즐기는 아이

　여기서 흥미로운 점은 대부분의 아이가 초·중·고등학교 시절 운동을 한 개 이상 지속적으로 한다는 점인데 운동에 소질이 없고 장래에 전문적으로 운동을 할 계획이 없는 아이도 반드시 운동에 참여해야 한다. 재미나 취미로 초등학교 때부터 같은 운동을 지속적으로 할 수 있다는 점은 오스트레일리아 학생들에게 주어진 많은 혜택 중 하나이다.

　실제로 나는 학창 시절 때 운동 신경이 매우 부족했지만 초등학교 때 볼링, 골프, 배구를 했으며, 중·고등학교 때는 네트볼과 배드민턴을 하다가 고등학교 2학년 때 즉흥적으로 리듬 체조를 배우기도 했다. 운동을 즐기는 편이 아니었던 나의 학창 시절이 한국적인 잣대로 봤을 때 흡사 체대 준비생과 같은 모습이었다면 운동에 흥미가 있는 친구들의 모습은 어땠을지

상상이 가리라 믿는다.

학교에서는 학생들이 지속적이고 정기적으로 운동에 참여할 것을 장려한다. 한 가지 운동을 꾸준히 했다는 사실은 추후에 장학금 지원 및 구직 활동에 유리하게 작용할 수 있다.

발표 능력을 중시

오스트레일리아 학생들은 발표 및 소통 능력을 기르기 위해 초등학교 1학년부터 고등학교를 졸업할 때까지 주기적으로 발표를 한다. 초등학교 저학년 때는 일주일에 한 번 '나의 가족', '이번 주 주요 뉴스' 혹은 '내가 제일 좋아하는 음식'과 같은 쉬운 주제로 발표하지만 초등학교 고학년부터는 파워포인트를 이용하여 프레젠테이션을 한다. 고등학교에 가면 사회 위주의 과목을 듣는 학생들은 최소 10분 동안 연설할 수 있을 정도의 발표 능력을 키워야 한다.

자유로운 분위기에서 토론하는 수업도 많기 때문에 어려서부터 논리적 사고와 조리있는 말투를 발달시킬 수 있다.

외국어 교육

주마다 차이는 있지만 평균 초등학교 3학년부터 외국어를 배우기 시작한다. 학교마다 가르치는 언어가 다르며 대다수의 초등학교에서는 선택의 여지 없이 한 언어만 가르친다. 이때 배우는 언어는 중국어, 프랑스어, 독일어, 인도네시아어, 이탈리아어, 일본어, 한국어, 스페인어, 베트남어 등으로 다양하다.

2020년 빅토리아주에서 외국어를 배우는 초등학생의 비율을 조사한 결과 22퍼센트는 중국어, 18.6퍼센트는 이탈리아어, 17.2퍼센트는 일본어, 13.9퍼센트는 인도네시아어, 8.9퍼센트는 프랑스어를 배운 것으로 나타났다.

중·고등학교 때는 학교 규모에 따라 외국어를 선택하는 경우가 많은데 내 모교에서는 일본어, 이탈리아어, 프랑스어, 독일어 그리고 그리스어 중 하나를 선택할 수 있었다. 빅토리아주의 연구에 따르면 2020년 중·고등학생이 제일 많이 배운 외국어는 프랑스어로 일본어, 이탈리아어, 인도네시아어가 그 뒤를 따르고 있다.

오스트레일리아의 학교생활

'야자' 없는 오스트레일리아 학교

오스트레일리아와 한국의 학교생활은 매우 다르지만 그중 가장 다른 것은 학원과 야간 자율 학습이 없다는 점이다. 학원이 있긴 하지만 대부분은 태권도나 발레처럼 특별 활동을 배우기 위한 목적이며 학업을 보충하기 위한 학원은 거의 찾아볼 수 없다. 그나마 있는 학업 관련 학원도 특수 목적 학교 진학 혹은 SAT 등 해외 대학능력시험을 공부하기 위한 것이며 이러한 학원을 다니는 학생의 비율은 10퍼센트 미만이다.

공부 잘하는 학생 대부분은 학교 수업을 충실히 하고 자습으로 성적 관리를 한다. 수업이 끝난 학교에 남아서 자습을 한다는 개념 자체도 정말 특수한 상황이 아니라면 존재하지 않는다. 오스트레일리아에 유학 온 지 얼마 안 된 학생이 영어를 보충하기 위해 방과 후 자발적으로 영어 선생님과 남아서 추가적으로 수업받는 상황 정도라면 있을 법하지만 학생들이 강제로 학교에 남아 자습해야 하는 경우는 없다.

초·중·고등학교는 평균 9시에 시작해서 3시에 마친다. 건물 하나에 여러 개의 교실과 교무실, 급식실 등이 있는 한국 학교와 달리 오스트레일리아 학교는 넓은 땅에 여러 개의 저층 건물이 있다. 학생 개개인이 과목을 선택하는 중·고등 학교의 경우 마치 대학교처럼 학생들이 시간표에 맞추어 건물을 옮겨가면서 수업을 듣는다.

대부분의 학생은 교복을 입는다. 초등학교 교복은 폴로 티셔츠에 반바지나 치마로 구성되어있으며 활동성을 중시한다. 중·고등학교 교복은 남학생은 반팔 셔츠에 각 잡힌 반바지와 무릎 아래까지 오는 양말로 구성되어있고 여학생은 반팔 블라우스에 치마로 구성되어있다. 학교에 따라(특히 사립 학교인 경우) 동복이 따로 있지만 대개 하복에 교복 스웨터나 재킷을 입는다.

또한 교복에는 학교 모자가 반드시 포함된다. 오스트레일리아의 햇볕은 매우 강하기 때문에 초등학교에서는 선생님이 쉬는 시간에 아이들이 모자를 착용했는지 감시하며 모자를 착용하지 않았을 경우에는 밖에서 노는 것을 금지하기도 한다.

'포멀'이라고 부르는 졸업 파티

오스트레일리아 고등학생에게 고등학교 생활의 꽃이 무엇이냐고 묻는다면 아마도 '포멀Formal'이라는 답이 가장 많이 나올 것이다. 포멀이란 고등학교 졸업 파티로, 남학생은 턱시도를, 여학생은 시상식에서나 볼 법한 긴 드레스를 입고 다 같이 호텔 같은 고급 장소에서 코스 정식을 먹은 뒤 무도회처럼 파트너와 춤을 추는 행사이다. 아마《해리포터》를 읽어 본 독자라면 소설 중반에 등장한 무도회를 기억할 텐데 그와 비슷한 행사라고 상상하면 된다.

대부분이 남녀 파트너로 참석하는 행사인 만큼 누구와 포멀을 갈 것인가는 고3 내내 모두의 관심사이며 포멀에 같이 가자는 제안을 이벤트 형식으로 성대하게 하는 경우도 있다. 파트너끼리는 여자의 드레스 색깔과 남자의 넥타이 색깔을 맞추거나 코르사주를 세트로 맞춘다. 포멀 당일에는 4~10명 정도가 함께 리무진을 빌려서 성대하게 입장하는 게 일반적이다.

남녀공학이 아닌 학교에서는 외부에서 파트너를 초청하는 게 일반적인데 빼어난 외모를 갖고 있는 학생들은 고등학교 내내 여러 개의 포멀에 참석하기도 한다. 최근에는 포멀에 동성 파트너를 데리고 가는 것도 이상한 일이 아니며 오히려 동성 파트너를 데리고 오지 못하게 하는 학교는 대중에게 질타를 받는다.

오스트레일리아의 다양한 학교

오스트레일리아의 사립 학교

원칙적으로 오스트레일리아에서는 초·중·고등학교 교육이 무료이지만 등록금이 비싼 사립 학교도 2,600여 개가 있다.

사립 학교의 약 63퍼센트는 가톨릭 재단이 설립하고 재정적으로 지원하고 있는데, 이곳에 입학하려면 부모의 종교가 가톨릭이라는 것을 증명해야 한다. 실제로 자녀가 다른 사립 학교보다 저렴한 학비에 더 나은 교육을 받게 하기 위해 가톨릭으로 개종하는 부모도 있다.

가톨릭 재단과 관계 없는 사립 학교는 아이가 태어나자마자 미리 원서를 넣어야 할 정도로 경쟁이 심하고, 부모의 재력과 직업 등 많은 요소를 고려해서 입학 여부가 결정된다. 이런 사립 학교의 학비는 한국 돈으로 환산했을 때 1년에 2,000만 원을 넘는 경우가 허다하다.

공립 학교 중에서도 입학 시험을 보거나 뛰어난 예체능 소질을 갖고 있어야 입학할 수 있는 특수 목적 학교가 있는데, 학비가 저렴하면서 양질의 교육을 받을 수 있다는 장점이 있으나 입학하기가 까다롭다.

오스트레일리아의 특성화 학교, TAFE

Technical And Further Education의 약자인 TAFE는 오스트레일리아 주 정부가 운영하는 기술 전문 학교이다. 전국적으로 200개가 넘는 학교가 있으며 100만 명 이상의 학생이 교육받고 있다. 주 정부가 운영하지만 전국적으로 비슷한 커리큘럼을 제공한다. 대부분의 과정을 마치는 데 2년 정도 걸리는데 시간제로 교육받을 수 있기 때문에 일하면서도 다닐 수 있다.

TAFE에서는 정비, 수리, 패션, 조리, 미용, 목공일, 배관업 등 여러 가지 기술을 배울 수 있으며 수입이 없거나 의무 교육을 대신해 TAFE에 지원하는 학생은 학비를 할인받을 수도 있다.

● TAFE(출처-Mattinbgn, CC BY 3.0, via Wikimedia Commons)

오스트레일리아 사람들의
여가 활동

내기를 좋아하는 사람들

오스트레일리아 사람들은 도박을 즐기기로 유명하다. 인구의 약 40퍼센트가 정기적으로 도박을 하며 이들은 1년에 1인당 평균 2,000달러 정도를 잃는다고 한다. 인구의 2퍼센트는 도박 중독에 빠져있고 도박으로 거둬들이는 세금이 연방 정부와 주 정부의 총 세금 중 15퍼센트 정도를 차지한다.

오스트레일리아의 모든 주에는 한 개 이상의 카지노가 있다. 또한 스포츠 경기의 결과나 리얼리티 프로그램의 우승자에 합법적으로 돈을 걸 수 있고 경마나 개 경주에 돈을 거는 것도 매우 흔한 일이다. 빅토리아주에서는 경마 시합인 멜버른컵이 열리는 날을 아예 공휴일로 지정할 정도로 오스트레일리아 사람들이 도박에 보이는 열정은 대단하다.

가족과 함께하는 야외 활동

오스트레일리아는 한국에 비해 밤 문화가 발전되어있지 않아 가게와 음식점이 일찍 문을 닫는 편이다. 평일에는 밤 8시만 되어도 시내가 조용해진다. 이런 이유로 오스트레일리아에서는 가족 단위로 보내는 시간이 많다.

대신 오스트레일리아 사람들은 낮 시간에 야외 활동을 활발하게 한다. 주말에는 공원에서 공놀이를 즐기고 피크닉을 하는 가족들을 쉽게 볼 수 있다. 대부분의 도시가 해변과 한 시간 이내의 거리에 있어 많은 사람이 주말마다 해변에 가서 일광욕, 스쿠버다이빙, 낚시, 스노클링, 서핑 등을 즐긴다. 주로 단독 주택에 사는 오스트레일리아 사람들은 여름에는 수영장이 있는 친구 집에 놀러가서 바비큐를 해 먹고 맥주를 마시면서 수영장에서 노는 게 매우 보편적이다.

스포츠에 열광하는 사람들

17세기부터 시작된 현대 올림픽에 한 번도 빠지지 않고 참가한 나라가 세 개 있는데 그중 하나가 오스트레일리아이다. 오스트레일리아 사람의 3분의 1은 정기적으로 스포츠에 참여한다. 이는 기후가 좋고 스포츠를 즐길 공간이 충분한 오스트레일리아의 특성을 반영한다고도 볼 수 있다.

그러면 오스트레일리아 사람들은 왜 이렇게 스포츠에 열광하는 것일까? 그 이유는 오스트레일리아 역사에서 찾아볼 수 있다. 영국인이 오스트레일리아에 처음 정착한 18세기 당시 그들의 삶에 스포츠는 매우 큰 부분을 차지하고 있었다. 영국의 고위 간부들은 스포츠에 참여하면 균형적인 사고방식을 가질 수 있으며 그 결과 사회를 더 나은 방향으로 이끌 수 있다고 믿었다. 그래서 오스트레일리아 정착민에게 스포츠 참여를 장려했고 간부와 정착민으로 편을 나누어 스포츠 경기를 하기도 했다. 스포츠에 참여한 정착민들은 본인보다 더 높은 위치에 있는 간부들을 상대로 꿀 같은 승리를 경험해볼 수 있었고 스스로의 운동 신경에 대해 자부심을 갖게 되었다.

영국의 식민지라는 자격지심이 있었지만 스포츠 분야에서는 영국을 이길 수 있었고 이는 국제 무대에서 오스트레일리아가 빛날 수 있는 기회를 제공해주었다.

문화와 국가 가치관이 담긴
공휴일

공휴일은 누구에게나 지루한 일상에 단비 같은 휴식을 주는 멋진 날이다. 한 나라의 공휴일은 그 나라의 가치관을 보여주는 중요한 부분이며 나아가 그 나라의 역사, 종교, 문화까지 파악하는 데 도움을 준다.

여기서는 오스트레일리아의 공휴일 중 전국적으로 통용되는 다섯 개의 휴일을 소개하려고 한다. 소개하는 공휴일 이외에 각 주마다 다른 공휴일을 추가로 지정하기도 한다. 예를 들어 빅토리아주는 앞서 말한 멜버른컵이 열리는 날을 휴일로 정하고 있으며, 노던 준주에서는 8월 첫째 월요일마다 '피크닉 데이'라는 휴일을 즐기고 있다.

원래 '첫 착륙의 날'이라고 불린 오스트레일리아 데이*Australia Day*는 1788년 오스트레일리아에 처음으로 백인이 정착한 날을 기념하는 공휴일이다. 이날을 오스트레일리아 데이라고 공식적으로 부르게 된 것은 1935년부터이며, 현재는 오스트레일리아라는 나라 자체를 기념하며 감사하는 날이 되었다. 오스트레일리아의 1월은 매우 덥기 때문에 이날은 통상적으로 친구 혹은 가족끼리 모여 노래를 듣고 수영도 하고 바비큐도 먹으며 쉬는 날이다.

하지만 원주민들에게 1788년 1월 26일은 학살과 폭력의 아픔이 있는 날이다. 일부 사람들은 이날을 원주민 시점에서 생각해 '침입의 날' 혹은 살아남은 원주민을 위한 '생존의 날'이라고 바꿔 부르기도 하고, 오스트레일리아라는 나라를 기념하는 날로 1월 26일은 적절치 않다는 의견을 개진해왔다. 오스트레일리아가 연방이 된 1월 1일이나 국회가 처음으로 열린 3월 9일 혹은 헌법이 공표된 7월 9일 등으로 날짜를 바꾸자는 의견은 지난 몇 년 간 점점 더 대중의 지지를 얻고 있다.

최근 설문 조사 결과에 따르면 오스트레일리아 사람의 과반수가 오스트레일리아 데이의 날짜를 바꾸는 것에 찬성했다. 이를 입증하듯 인기 라디오 채널인 〈트리플 제이〉에서는 매년 연말부터 그 해에 제일 인기 있는 곡을 선정해 1월 26일 낮 12시가 되

● 오스트레일리아 데이의 다문화 행사(출처-Chris Phutully, CC BY 2.0, via Wikimedia Commons)

● 오스트레일리아 데이를 반대하는 시위 현장(출처-John Englart, CC BY 2.0, via Flickr)

면 100위부터 역순으로 틀어줬으나 오스트레일리아 데이에 대한 원주민의 상처를 존중하는 의미로 2018년부터는 1월 마지막 주 주말 방송으로 바꾸었다.

부활절, 매년 3월 혹은 4월의 금요일부터 월요일까지

부활절Easter은 예수가 죽은 지 3일째 되던 날 다시 살아난 것을 기념하는 날이다. 오스트레일리아 국민 중 약 52퍼센트가 기독교를 믿기 때문에 신앙에서 유래한 공휴일을 기념하는 것은 당연하다.

부활절과 연관된 공식적인 휴일은 4일인데, 성금요일, 성토요일, 부활절 일요일 그리고 부활절 월요일이다. 부활절 행사에는 달걀이 중요한 부분을 차지한다. 달걀은 새로운 삶과 갱생의 상징이기 때문이다. 또한 달걀은 예수님의 시련 및 부활과 연관되어있으며 비어있던 예수님 관의 상징이라는 의견도 있다.

부활절 기념 놀이로 아이들은 달걀에 색을 입혀 장식하거나 달걀 모양의 초콜릿을 찾는 보물찾기 놀이를 한다. 부활절 토끼는 크리스마스의 산타와 비슷한 역할을 맡고 있어 착한 아이에게 달걀을 전해준다. 토끼가 부활절의 아이콘이 된 이유는 비옥함의 상징이기 때문이다.

흥미롭게도 오스트레일리아에서는 토끼가 번식 능력이 뛰

● 부활절 토끼

어나 생태계를 교란한다며 토끼 대신 오스트레일리아 토종 동물인 빌비를 부활절의 아이콘으로 만들자는 움직임도 있다. 이들은 빌비 모양의 초콜릿을 만들어서 빌비 지키기 운동에 기부하기도 한다.

부활절에 빠지지 않고 등장하는 음식이 있다. '핫 크로스 번'이라는 말린 과일이 들어간 폭신한 빵이다. 최근에는 말린 과일 대신 초코칩이나 견과류가 들어있는 빵도 출시되고 있으며 부활절 몇 주 전부터 슈퍼마켓에서 찾아볼 수 있다. 빵 위에 십자가가 장식되어있는 게 특징이다.

기독교 신자는 부활절 때 종교 행사에 참석하지만 그렇지 않은 사람은 여행을 떠나는 경우가 많다. 부활절 즈음 오스트레일리아 날씨는 여행하기에 적합하고 대다수의 가게가 문을 닫기 때문에 오히려 캠핑, 등산, 낚시 등 자연을 즐기며 교외로 나가는 것이 현명할지 모른다. 덕분에 부활절 기간의 숙소들은 연초에 예약이 꽉 차니 혹시 이 기간에 오스트레일리아에 갈 계획이 있으면 이를 참고하는 것이 좋다.

오스트레일리아 생태계를 교란시킨 토끼

오스트레일리아에 토끼가 처음 들어온 것은 멜버른의 필립만에 살던 어떤 부유한 가족이 영국에서 토끼를 선물로 받으면서부터이다. 이 가족은 여가용 사냥을 하기 위해 24마리의 토끼를 방생했는데 이로 인해 오스트레일리아의 토끼 수가 기하급수적으로 늘어났다. 10년도 안 되어 토끼는 서부 빅토리아주까지 퍼져 목초지에 있는 풀은 뿌리까지 뜯겨 나갔고 목장용 땅이 줄어들 정도로 피해가 막심했다. 오스트레일리아에는 토끼에 대항할 포식자가 없었기 때문에 토끼의 수는 계속 늘어 1872년에는 뉴사우스웨일즈주, 1882년에는 퀸즐랜드주까지 번졌으며 1894년에는 웨스턴오스트레일리아주까지 퍼지면서 자연에 악영향을 미쳤다.

앤작 데이, 4월 26일

앤작 데이ANZAC Day는 1차 세계 대전 때 갈리폴리 전투에서 싸운 오스트레일리아와 뉴질랜드의 연합군을 추모하는 날로, 한국의 현충일과 비슷하다.

1차 세계 대전뿐 아니라 2차 세계 대전, 한국 전쟁, 월남전 등에서 전사한 군인을 기리기도 한다. 앤작 데이는 해뜨기 전 새벽에 노병과 그들의 자손이 참여하는 대규모 추모식이 주요 이벤트이다. 추모식이 끝날 때쯤 〈더 라스트 포스트The Last Post〉 라는 나팔곡이 연주되는데 이는 죽은 이의 의무는 이제 끝났고

편히 쉬라는 의미를 담고 있다. 곡이 끝나면 1분간 묵념하며 추모식을 방영하는 방송에서도 조용히 1분이 지나간다.

앤작 데이 추모식에서 빠지지 않고 낭독되는 시가 있다. 영국 시인 로런스 빈욘*Laurence Binyon*이 쓴 시이다. 이 시의 네 번째 절을 '*The Ode*(더 오드)'라는 제목을 붙여서 전쟁 추모식 때마다 낭독한다. 전사한 용사는 더 이상 나이 들지 않을 것이고 우리는 해가 질 때와 해가 뜰 때 그들을 기억하겠다는 내용이다.

시가 낭독되면 참석한 사람들도 낭독자를 따라서 "*We will remember them*(우리는 그들을 기억하겠다)."이라고 말하고 다 같이 "*Lest we forget*(잊지 않기 위하여)."이라고 말하며 낭독식이 끝난다.

노병과 그들의 자손이 함께하는 대규모 시가행진 또한 유명한데 별세하거나 노쇠한 참전 용사의 경우 자손이 대신 참전 메달을 달고 행진에 참여한다. 이때 본인이 얻은 메달은 왼쪽 가슴에, 가족 대신 행진에 참여하는 경우에는 오른쪽 가슴에 메달을 단다.

앤작 데이는 '투 업*Two-up*'이라고 하는 오스트레일리아식 도박이 법적으로 허용되는 날이기도 하다. 동전 두 개를 하늘로 던져 앞면으로 떨어질지 뒷면으로 떨어질지 맞히는 게임으로, 1차 세계 대전 때 오스트레일리아 군인이 많이 한 게임으로 알려져 있다.

● 앤작 데이 시가 행진
(출처-Yupeng Wu, CC BY-SA 2.0, via Wikimedia Commons, Chris Phutully, CC BY 2.0, via Wikimedia Commons)

여왕의 생일, 6월의 두 번째 월요일

오스트레일리아는 입헌 군주제 국가로 전통적으로 영국 국왕 혹은 여왕의 생일을 기념해왔다. 여왕의 실제 생일은 4월 21일이지만 웨스턴오스트레일리아주와 퀸즐랜드주를 제외한 모든 주에서 매년 6월 두 번째 월요일에 여왕의 생일을 기념하고 있다. 웨스턴오스트레일리아주는 6월 첫 번째 월요일이 공휴일이기 때문에 매년 주지사가 따로 여왕의 생일을 기념할 날짜를 선택하며, 퀸즐랜드주 또한 공휴일이 몰리는 것을 방지하기 위해 10월 첫 번째 월요일을 여왕의 생일 대체 공휴일로 정하고 있다.

실제 생일이 아닌 다른 날에 생일을 기념하는 이유는 영국의 날씨 때문이다. 이 풍습은 1748년 조지 2세 때부터 시작되었다고 한다. 조지 2세는 11월에 태어났으나 영국의 11월은 생일 기념 행진을 하기에는 너무 추웠기 때문에 매년 봄에 열리는 군 행진에서 자신의 생일을 축하했다. 이 풍습은 현재까지 이어져 영국 왕실은 실제 여왕의 생일 외에 공식적인 생일 기념일을 따로 정해서 축하하게 되었다. 매년 오스트레일리아 우체국은 여왕 생일 기념 우표를 제작한다.

크리스마스, 12월 25일

오스트레일리아의 크리스마스에는 이곳만의 풍습과 전통 그리고 먹거리가 있다. 오스트레일리아의 크리스마스가 특별한 점은 바로 여름이라는 것이다. 이 때문에 크리스마스 관련 광고물이나 포스터에는 산타가 반바지를 입고 서핑하거나 루돌프 대신 캥거루가 썰매를 끌고 있다. 또한 눈이나 추운 겨울 날씨에 대한 캐럴의 가사를 뜨거운 여름과 사막으로 재치있게 개사해서 부르기도 한다.

오스트레일리아 사람들이 크리스마스에 즐기는 특이한 음식이 하나 있는데 바로 '크리스마스 푸딩'이다. 이 음식은 오스트레일리아뿐 아니라 뉴질랜드, 남아프리카공화국 등 영국의 영향권 아래 있는 나라들이 전통적으로 먹는 크리스마스 디저트 음식이다. 푸딩이라고는 하지만 한국에서 흔히 먹는 말랑말랑한 푸딩이 아니다. 건포도와 견과류 등을 넣어서 끓이거나 찐 케이크 같은 음식으로, 14세기 때부터 내려져온 영국의 크리스마스 전통 음식이다.

크리스마스 푸딩을 만들 때 은 동전 몇 개를 넣는데 동전이 들어있는 조각을 먹는 사람에게 행운이 따른다는 전통이 있다. 그러나 이 전통은 동전이 은이 아닌 다른 금속류로 만들어지면서 서서히 없어졌다. 금속 동전을 푸딩에 넣어 가열하면 독극물이 나오기 때문에 절대 먹으면 안 된다는 전단을 정부 차원에서

배포하기도 했다. 하지만 아직 전통을 중요시하는 할머니들은 옛날 은 동전을 사용해서 크리스마스 푸딩을 만든다고 하니 당분간 이 재미있는 전통은 지속될 거라고 생각한다.

영국에서 전해져 내려오는 전통 중 '크리스마스 크래커'가 있다. 이것은 먹는 것이 아니라 대형 사탕 모양으로 생긴 포장지로 덮인 물체이다. 크리스마스 저녁 식사 자리에 크리스마스 크래커가 놓여있는데 식사 도중 두 명이 크래커 양쪽을 한쪽씩 잡아당기면 크래커가 터지면서 선물이 나온다. 보통 장난감, 파티 모자 등 가볍고 재밌게 즐길 수 있는 선물이 나오지만 고급 물건이 나오는 고가의 크리스마스 크래커도 판매된다.

오스트레일리아에서의 크리스마스 분위기는 한국의 명절과 비슷하다. 대가족이 다 같이 모이는 날로, 크리스마스 이브 혹은 크리스마스 아침에는 온가족이 먹을 해산물 쇼핑을 하고 하루 종일 가족과 시간을 보낸다. 가족이 오랜만에 모이는 터라 한국의 명절 스트레스처럼 오스트레일리아에서도 "크리스마스 때 그 이모 가족이랑 싸운 이후로 다시는 안 봐." 같은 말을 흔하게 들을 수 있다.

크리스마스를 야외에서 보내는 것 또한 매우 흔한데 해변에서 하루를 보내거나 캠핑을 가기도 한다. 시드니의 본다이 해변에는 매년 크리스마스 때마다 4만 명이 모인다고 한다.

집 밖을 크리스마스 조명으로 꾸미는 것 또한 크리스마스에서 빠질 수 없는 행사이다. 가끔 이웃끼리 누가 더 멋지게 집을

● 한여름의 크리스마스(출처-Misaochan, CC BY 4.0, via Wikimedia Commons)

꾸미는지 선의의 경쟁을 한다. 시드니의 한 동네는 매년 크리스마스 조명을 통해 불우 이웃 돕기에 기부할 돈을 3만 5,000달러(한국 돈 약 3,000만 원)나 모은다고 하니 대단한 일이다.

크리스마스 다음날은 '복싱 데이*Boxing Day*'라고 부른다. 왜 복싱 데이라고 부르는지에 대해서는 여러 가지 설이 있다. 집에서 일하는 하인에게 선물이 들어있는 박스를 주면서 하루 쉬고 집에 갔다 올 수 있게 해주는 날이라서 복싱 데이라고 부른다는 설이 있는 반면 1년 내내 고생한 노동자들에게 감사하는 마음으로 선물이 들어간 박스를 주는 날이라는 설도 있다. 확실한 건 권투와는 아무런 관련이 없다는 것이다.

복싱 데이는 쇼핑으로 유명한 날이다. 모든 백화점과 가게에서 일제히 할인 행사를 한다. 복싱 데이에는 가게들이 평소보다 일찍 문을 열며 일찍 도착하는 손님 순으로 상품권이나 할인 혜택을 주기 때문에 새벽부터 가게 앞에 길게 줄을 서는 광경도 볼 수 있다. 원래 세일을 안 하는 가게에서도 할인 행사를 하고 평소 사고 싶었던 물건을 저렴한 가격에 구입할 수 있는 기회인만큼 이날 쇼핑몰에는 사람들로 매우 붐빈다.

복싱 데이에 시작하는 스포츠 경기도 있다. 그중 오스트레일리아에서 가장 유명한 복싱 데이 스포츠는 크리켓 테스트 경기이다. 매년 복싱 데이에 시작되는 경기를 가족이나 친구와 모여 시청하는 것도 오스트레일리아 전통 중 하나이다. 시드니부터 호바트까지 요트로 완주하는 요트 경주 또한 매년 복싱 데이에 시작한다.

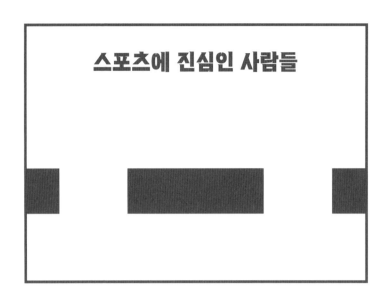

스포츠에 진심인 사람들

수영

오스트레일리아에서는 수영을 매우 중요시한다. 수영장이 있는 집도 많고 국가에서도 아이들의 수영 교육을 장려하기 때문에 초등학교 때부터 수영을 배운다.

오스트레일리아에서는 수영뿐 아니라 로잉, 서핑, 워터스키, 윈드서핑 등 해양 스포츠가 많은 사랑을 받고 있다. 해변에는 항시 해난 구조원이 배치되어있다. 1907년 설립된 오스트레일리아 해난구조협회를 통해서 양산되는 해난 구조원은 해난 구조, 응급 처치, 소생법에 능숙하며 수영 시즌인 10월부터 3월까지 해변에서 근무한다.

럭비

럭비는 오스트레일리아에서 광적인 인기를 끌고 있는 스포츠로, 럭비 유니언*Rugby Union*과 럭비 리그*Rugby League*라는 두 종류가 있다.

럭비 유니언에서는 태클을 이용하거나 '럭'이라고 불리는 밀집 상태에서 상대 팀의 공을 빼앗아오는 게 허용되지만, 럭비 리그에서는 태클을 당한다고 해도 공격 팀이 태클을 여섯 번 당할 때까지 공격권을 뺏기지 않는다. 이런 이유로 럭비 유니언에서는 선수들이 거친 몸싸움을 벌이는 장면을 많이 볼 수 있고, 럭비 리그에서는 패스와 팀워크를 중심으로 빠르게 진행되는 경기를 볼 수 있다.

AFL

럭비와 비슷한 AFL*Aussie Footy League*은 축구장 세 배 크기의 경기장에서 진행된다. 럭비는 골대 없이 운동장 양 끝에 그어진 선 너머로 공을 운반해서 점수를 획득하는 방식이고, AFL은 큰 골대 사이로 공을 터치다운하거나 공을 발로 차서 통과시키면 점수를 얻는다.

● 럭비 유니언 경기

● AFL 경기(출처-Tom Reynolds, CC BY 2.0, via Wikimedia Commons)

크리켓

● 크리켓 경기

영국에서 도입된 크리켓은 오스트레일리아 전역에서 인기를 끌고 있다.

주기적으로 크리켓을 하는 사람만 해도 130만 명에 이를 정도이다. 야구의 기원이라고 알려진 크리켓은 11명으로 이루어진 두 팀이 교대로 공격과 수비를 하는데 경기 시간이 매우 길어 국제 경기에서는 한 경기가 1주일가량 계속되기도 한다.

네트볼

● 네트볼 경기 모습

네트볼은 농구와 비슷하지만 드리블 없이 패스만으로 경기를 진행한다. 일곱 명이 한 팀을 이루며 주로 여자들이 많이 하는 스포츠이다. 농구와 달리 골대에 백보드가 없는 것이 특징이다.

멜버른컵

    오스트레일리아에서는 총 800개가 넘는 경마장에서 매년 4,000개 이상의 경주가 진행될 만큼 경마 대회가 많이 열린다. 그리고 평소에는 경마를 즐기지 않더라도 매년 11월 첫 번째 화요일 '멜버른컵*Melbourne Cup*' 경마 대회가 시작되면 오스트레일리아 대부분 사람들이 경마를 즐긴다.

    멜버른컵은 오스트레일리아를 넘어 전 세계적으로 유명한 경마 대회이다. 1861년에 처음 시작된 이 대회는 명성에 걸맞게 1877년부터 멜버

● 멜버른컵을 즐기는 사람들(출처-Chris Phutully, CC BY 2.0, via Wikimedia Commons)

른의 공휴일로 지정되었다.

1등 상금 약 360만 달러(한국 돈으로 약 37억 원)가 달린 멜버른컵의 메인 경기가 진행되는 날에는 온 나라가 텔레비전이나 라디오 앞으로 모여든다. 회사에서도 제비뽑기로 우승 말을 뽑고 회의실에 모여서 두근거리는 마음으로 결승전을 시청한다. 나도 초등학교 5학년 때 반 아이들 모두가 제비뽑기로 말을 뽑아 본인의 말을 응원하며 경마를 시청했던 경험이 있다.

그러나 최근에는 경마라는 스포츠 자체가 말에게 가혹한 행위이며 동물 학대라는 주장이 공감을 얻고 있으며, 멜버른컵이 열리는 날에 경마를 보이콧하거나 시위에 참여하는 사람도 늘고 있다.

● 멜버른컵에 참가하는 기수(출처-Chris Phutully, CC BY 2.0, via Wikimedia Commons)

워라밸을 중시하는
회사 생활

계급과 상관없이 평등한 조직 문화

기업마다 차이는 있겠지만 전반적으로 오스트레일리아의 기업 문화는 계급에 의한 위계질서를 찾아볼 수 없다. 신입 사원이라도 복사나 스캔과 같은 잡다한 업무보다는 실무를 익히게 하여 경험을 쌓도록 하고 있다. 신입 사원에게 커피 심부름 등을 시키는 일은 상당히 보수적인 기업 외에는 상상하기 힘든 일이다.

오스트레일리아 사람들은 줄임말을 만드는 것을 좋아해 이름을 줄여 별명을 만들기도 한다. 이때 가장 많이 쓰이는 방식이 성이나 이름을 줄인 후 뒤에 'O'를 붙이는 것이다. 예를 들어

카메론Cameron은 캐모Cammo, 새뮤엘Samuel은 새모Sammo, 데클런 Declan은 데코Decco로 줄여서 부른다. 놀라운 것은 이렇게 만들어 진 별명을 회사에서 그리고 회사 상사에게도 쓴다는 사실이다.

내가 근무했던 회사의 이사진 중 몇몇도 이러한 별명을 가 지고 있는데 엄숙한 회의에서도 별명을 아무렇지도 않게 사용 하고 있었다. 공식 석상에서 상사의 별명을 부르는 것이 어색 하지 않는다는 것 자체가 수평적인 조직 문화를 대변해준다고 생각한다.

일과 생활의 균형을 위한 유연 근무제

오스트레일리아에서는 지난 20년 동안 여성의 경제 활동을 장려하기 위해 유연한 근무 환경을 조성하기 시작했다. 덕분에 여성은 자유롭게 출산 휴가를 쓸 수 있고, 남성 또한 육아 휴

캐주얼 프라이데이

오스트레일리아에서 금요일은 '캐주얼 프라이데이Casual Friday'라고 해서 옷을 캐주얼하게 입고 출근할 수 있다. 많은 회사가 금요일에 는 업무를 30분~1시간 정도 일찍 마감하고 회사에서 다 같이 가볍 게 술을 마신다.

가를 편하게 쓸 수 있다. 회사마다 다르지만 시간제로 근무하거나 재택근무를 병행할 수 있어 육아와 일 모두를 할 수 있는 환경이다. 가령 맞벌이인 경우 아내는 월요일과 수요일에 재택근무를 하고 금요일은 쉬면서 자녀를 돌보고, 남편은 화요일을 쉬고 목요일에 재택근무를 하는 등의 방식으로 부부가 함께 육아를 하는 것이 가능하다.

최근에는 많은 회사에서 육아를 하는 사원뿐 아니라 직원 모두가 유연하게 근무하도록 장려하고 있다. 내 주변에는 재택근무를 하면서 반려견과 산책하는 친구도 있고, 출퇴근 시간을 조정해 퇴근 후 필라테스 트레이너로 활동하는 친구도 있다. 또 시간제로 일하면서 공부와 일을 병행하는 친구도 있다.

오스트레일리아는 천재지변이 많이 일어난다. 우박, 홍수, 사이클론 등 특수한 기후 상황으로 출근이 불가능할 경우가 자주 있어 재택근무 시스템이 잘 갖추어져 있다. 덕분에 코로나19 사태가 터졌을 때 웬만한 공기업과 대기업은 업무에 지장 없이 바로 재택근무 체계로 전환했고 나 또한 2020년 3월부터 반년 넘게 재택근무를 했다.

직업에 대한 편견이 없는 오스트레일리아

오스트레일리아는 직업에 대한 인식이 열려있어서 흔히 한국에서 말하는 '사'자 달린 직업과 그 밖의 직업을 보는 사회적 시선이 크게 차이가 나지 않는다. 타일공이나 전기공처럼 기술 위주의 직업이 오히려 변호사나 약사보다 수입이 좋다.

부유한 사람이라고 해서 반드시 고학력자이거나 사회적 엘리트가 아니다. 오히려 고학력자를 '범생이'나 '샌님'으로 보는 인식이 있어해 변호사, 치과 의사, 회계사를 희화화하는 일도 빈번하다.

오스트레일리아 기업의 휴가 제도

정식 근로자에게 법적으로 정해진 휴가일은 1년에 20일이며, 많은 회사가 1년에 10일 이상 휴가를 쓰도록 의무화하고 있다. 결혼 준비나 자기 개발 등의 이유로 20일보다 더 많은 휴가일이 필요할 경우 상사와 상의하여 무급 휴가를 쓸 수도 있다.

가족 중 아픈 사람이 있으면 간병인 휴가를 따로 쓸 수 있으며(반려동물이 아플 때도 쓰게 해주는 회사도 있다!) 학업과 일을 병행하는 경우 학업 휴가를, 봉사 활동을 하러 갈 때는 봉사 활동 휴가를 쓸 수 있다. 또한 종교적이거나 윤리적인 이유로 법적으로 정해진 공휴일에 쉬고 싶지 않은 경우 다른 날을 휴일로 지정해서 쉬게 해주는 기업들도 늘어나는 추세이다. 예를 들어 윤리적인 이유로 오스트레일리아 데이를 휴일로 삼고 싶지 않다면 그 날에 일을 하고 그 다음날을 휴일로 쓸 수 있다.

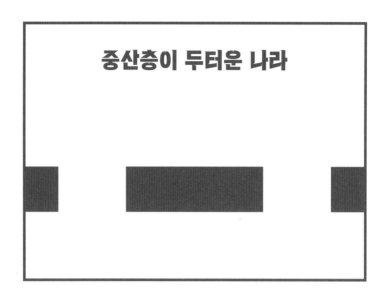

중산층이 두터운 나라

2023년 오스트레일리아의 GDP는 약 1조 6,900억 (미국) 달러였으며 이는 1인당 6만 3,490달러로 환산된다. 오스트레일리아에는 부유층과 빈곤층이 분명히 존재하지만 중산층의 비율이 매우 높은 나라로 과반수의 사람이 총 월급의 중간값인 월 5,416달러(한국 돈 약 460만 원) 정도를 받는다고 한다.

2021년에 실시된 인구 조사에 따르면 15세 이상 오스트레일리아의 거주자의 64퍼센트가 고용인 신분이며 평균적으로 일주일에 38시간의 경제 활동을 하는 것으로 나타났다.

오스트레일리아 경제의 국제적 위치

오스트레일리아는 국제적 경제 활동도 활발히 하고 있다. 현재 세계무역센터협회*WTCA*, G20 정상회의, 아시아태평양경제협력체*APEC*, 경제협력개발지구*OECD*의 회원국이다. 또한 오스트레일리아는 중국, 일본, 한국, 뉴질랜드, 싱가포르, 태국, 미국, 칠레, 말레이시아 등의 동남아시아국가연합*ASEAN*과 자유무역협정*FTA*을 맺고 있다.

세계에서 열두 번째로 경제 규모가 큰 오스트레일리아는 수입과 수출에 많이 의존하고 있다. 주로 자동차, 통신 기기와 부속품, 컴퓨터 등을 수입하고 농축산물과 광물을 수출한다. 특히 한국을 포함한 중국, 대만, 일본 등 동북아시아 지역은 오스트레일리아의 매우 중요한 경제적 파트너로 수출의 과반수가 동북아시아 국가이다.

미국 또한 오스트레일리아의 안보와 경제에 중요한 영향을 미치는 동맹 국가이다. 두 나라는 1951년 앤저스 조약*ANZUS Treaty*을 통해 군사적 동맹을 맺은 후 첨단 기술과 기밀 정보를 공유하며 테러 방지 대책 및 핵무기 확산 방지와 같은 사안에 대해 협력하고 있다. 이 조약을 통해 오스트레일리아는 미국의 강력한 군사력으로 국가 안보의 안전성을 획득했고, 미국은 오스트레일리아에 전략적 군사 기지를 둘 수 있게 되었다.

경제적인 측면에서 미국은 오스트레일리아의 가장 큰 수출

파트너 중 하나이며 매년 많은 양의 소고기와 술을 수입하는 국가이다. 2005년 미국과의 자유무역협정을 체결한 후 오스트레일리아는 경제적 사안에 대해서도 긴밀한 관계를 유지하고 있다.

오스트레일리아의 대표 산업

오스트레일리아는 농축산업이 주요 산업이다. 그래서 토지와 물의 52퍼센트 정도를 이 산업에 사용하고 있다. 농축산업 중 가장 큰 비중을 차지하는 품목은 소고기이며 밀, 우유, 야채, 과일, 견과류, 양고기, 양털 또한 주요 수출품이다.

오스트레일리아는 보크사이트, 철, 아연, 구리, 니켈, 금을 세계에서 가장 많이 채굴하는 나라 중 하나이다. 석탄, 우라늄, 천연가스 등 에너지 생산에 쓰이는 원료도 많이 수출하고 있다.

찢어지지 않는 지폐

1996년 오스트레일리아는 전 세계에서 처음으로 플라스틱 지폐를 개발하고 발행했다. 이 플라스틱 지폐는 쉽게 손상되지 않고 실수로 세탁기에 넣어도 오히려 지폐가 깨끗해진다

● 오스트레일리아의 100달러 지폐

는 장점이 있다.

종이 지폐와 비교했을 때 단기적으로는 비용이 많이 들지만 장기적으로는 더 경제적인데다 화폐를 위조하기 어려워 일석이조의 효과가 있다. 종이에 비해 위생적이고 화폐의 역할을 하지 못할 정도로 낡으면 녹여서 재활용할 수 있다는 이점도 있다. 이 지폐에는 위조 방지를 위한 열두 가지 기술이 사용되며 시각장애인을 위해 촉각으로 지폐를 구분할 수 있는 장치가 있다.

이외에도 특정 인물이나 행사를 기념하기 위해 특별한 동전을 생산하기도 한다. 지금까지 오스트레일리아에서 생산된 기념주화는 엘리자베스 2세의 즉위식 60주년, 2007년 오스트레일리아에서 개최된 아시아태평양경제협력체 회의, 오스트레일리아 연방 국가 설립 100주년, 유엔 설립 50주년 등이 있다.

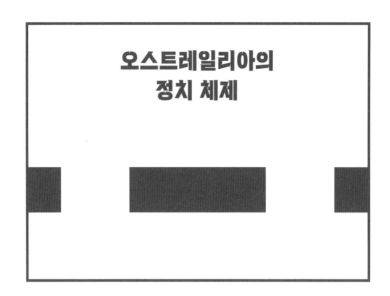

오스트레일리아의 정치 체제

연방제 채택

오스트레일리아 정부는 연방 정부, 주 정부, 지방 정부로 나누어져 있으며, 주에서 발생하는 일은 주 정부 스스로 처리하는 정치 체계를 가지고 있다.

이러한 체계가 필요한 이유는 각각의 주에서 서로 다른 이익을 추구하기 때문이다. 예를 들어 광산업이 발달되어있는 웨스턴오스트레일리아주와 퀸즐랜드주는 오스트레일리아 정부가 광산업을 지지하는 정책을 펼치길 원하지만 뉴사우스웨일즈주와 빅토리아주는 생산업이나 금융업 등 다른 분야가 발달되어있어서 광산업에 대한 관심도가 높지 않다. 이런 경우 발생하는 갈등을 최소화하기 위해 각 주의 관심사는 주 정부에서 관할하도록 정했다. 이러한 행정 체계는 국가 단위의 문제가 생겼을 때 각 주의 관심사 차이로 인한 충돌을 최소화시킬 수 있고, 지역마다 다른 인구 밀도나 문화 차이 또한 주 정부 차원에서 해결할 수 있게 한다.

연방 정부의 지배권

오스트레일리아는 헌법에 각 정부의 관할 분야를 정해놓았다. 연방 정부가 지배권을 갖고 있는 분야는 무역, 보험, 금융, 저작권, 등대, 군대, 우편, 세금, 천문학적 연구, 결혼, 이혼, 연금, 검역, 국제 관계 등이고, 주 정부에서는 그 외의 분야인 원주민 복지, 환경 보호, 교육, 의료, 사회 공공시설, 경찰, 관광, 도로, 수질, 교통 등을 관리한다. 그리고 지방 정부는 마을 단위로 필요한 쓰레기 수거, 공원 보수, 도서관 관리 등의 정책을 세운다. 오스트레일리아에는 총 770개가 넘는 지방 정부가 있고 지방 정부의 권한은 주 정부가 정한다.

법 또한 전국적으로 적용되는 연방법과 주 단위로 적용되는 주의 법이 있다. 예를 들어 퀸즐랜드주에서는 토끼가 유해 동물로 분리되어 반려동물로 기르는 것이 불법이지만, 뉴사우스웨일즈주에서는 합법적으로 토끼를 기를 수 있다. 또한 사우스

오스트레일리아주에서는 대화를 몰래 녹음하는 행위가 불법이지만, 빅토리아주에서는 당사자가 참석한 자리에서의 대화는 몰래 녹음해도 범법 행위가 아니다. 이 때문에 문제가 되는 행위를 어느 주에서 하느냐에 따라서 불법 여부가 결정되며 형량도 차이가 난다.

입헌 군주제

국가 원수가 헌법에 의해 제약을 받는 군주(왕족)인 입헌 군주제는 국가 원수를 국민의 투표로 선출하는 공화제와는 상대되는 개념이다. 쉽게 풀이하자면 왕족은 존재하나 절대 권력을 누리지 아니하고 사실상 정치는 입법부 중심으로 이루어진다.

입헌 군주제에서 국가 원수는 상징적인 의미가 강하다. 현재 오스트레일리아의 국가 원수는 영국 국왕인 찰스 3세이다. 그러나 실질적으로는 찰스 3세가 오스트레일리아에서 직무를 수행하기 어렵기 때문에 국왕의 권력은 모두 총독에게 위임된다.

찰스 3세가 오스트레일리아 정치에 관여할 때는 총독을 임명할 때뿐이며 이 직무를 수행할 때조차도 국왕은 보편적으로 오스트레일리아 수상의 의견에 따른다. 총독은 군대의 최고 사령관이며 판사 임명, 국회 법안의 기결, 표결 법안의 공식화와 같은 권한을 갖는다.

하지만 머지않은 미래에 오스트레일리아가 입헌 군주제를 벗어나 공화국으로 거듭날 수 있을 것으로도 보인다. 2022년 5월 오스트레일리아 역사상 처음으로 공화국 차관보가 임명됐으며, 차관보의 임무는 공화제 전환에 대한 국민의 관심도를 조사하고 그 결과에 따라 국민투표를 실행하는 것이다. 1999년 오스트레일리아는 같은 주제에 대해 국민투표를 진행했으나 과반수가 입헌 군주제로 남는 것에 투표하였었기에 21세기에는 어떤 결과가 나올지 주목된다.

행정부의 수장 격인 오스트레일리아 수상의 임기는 정해져 있지 않다. 수상이 속한 정당이 국회의 과반수를 차지하며 그가 그 정당의 대표로 있는 한 무기한 재임할 수 있다. 가장 오래 재임했던 수상은 로버트 고든 멘지스*Robert Gordon Menzies*로, 1939~1941년, 1949~1966년에 이르는 총 18년이 넘는 기간 동안 수상으로 재임했다.

대선 후보 중 한 명을 국가 원수로 뽑는 한국과 달리 오스트레일리아는 투표를 통해 한 정당을 지지하며 그 정당의 대표가 수상으로 임명된다. 여당 내부의 정치적 상황에 따라 수시로 수상이 바뀔 수도 있는 구조이다. 이 때문에 선거와 상관없이 하루 만에 수상이 바뀌는 경우도 있다. 2013년에는 6월과 9월 두 번에 걸쳐 수상이 바뀌면서 2013년에만 총 세 명의 수상이 있었다.

● 하원(출처-Alex Proimos, CC BY 2.0, via Wikimedia Commons)

● 상원(출처-Brooke21T, CC BY 2.0, via Wikimedia Commons)

하원과 상원으로 구성된 국회

오스트레일리아 국회는 하원과 상원이 있는데 법안은 하원에서 입법되며 하원을 통과하면 상원에서 토론 및 표결이 진행된다. 하원과 상원은 서로 분리된 기관으로, 오스트레일리아 국회 의원은 하원과 상원 중 하나에 속하게 되는데 하원에 소속된 국회 의원 수는 상원 국회 의원 수의 두 배가량이다.

2022년 기준 오스트레일리아 하원에는 총 151명의 국회 의원이 소속되어있으며 이들 중 과반수가 여당 소속이다. 상원에는 총 76명의 국회 의원이 소속되어있는데 각 주당 12명의 국회 의원과 각 준주당 2명의 국회 의원으로 구성되어있다. 상원 국회 의원의 임기는 총 6년이며 3년에 한 번씩 열리는 선거에 맞추어 의원 중 절반이 은퇴하여 교체된다.

주마다 평등하게 12명의 국회 의원이 할당되는 만큼 상원은 인구수가 더 적은 주를 위한 국회로 알려져 있다. 오스트레일리아가 연방 국가로 공표되기 전, 상대적으로 인구수가 적은 주(웨스턴오스트레일리아주, 태즈메이니아주, 퀸즐랜드주, 사우스오스트레일리아주)는 인구수가 더 많은 주에서 당선된 국회 의원이 국회를 독점할까 봐 염려하여 주마다 같은 수의 국회 의원을 뽑게 했고, 상원에서는 하원에서 온 표결 법안을 기결시키는 권한을 갖게 하였다.

오스트레일리아 민주주의의 꽃, 질의 시간

오스트레일리아 민주주의에서 가장 중요한 '질의 시간'이라고 부르는 제도는 매일 국회 업무의 한 부분을 차지하는 시간으로 텔레비전에서도 방영된다. 질의 시간은 입법 기관인 국회가 행정부인 수상과 장관에게 질문하는 기회이다. 하원에서의 질의 시간은 수상의 재량에 따라 결정되지만 평균적으로 약 45분이 소요되며, 상원에서는 상원 대표에 의해 시간이 결정되지만 평균적으로 약 60분이 소요된다.

첫 질문은 언제나 야당 측에서 하고 그 후에 여당 측에서 질문한다. 이를 악용해서 '도로시 딕스*Dorothy Dix*'라고 부르는 형식의 질문을 하기도 한다. 이는 여당의 국회 의원이 미리 상의된 질문을 던짐으로써 장관이 현 정부의 업적을 칭찬하거나 야당의 허점이 드러나도록 답변을 유도하는 수법이다.

국회에서 질의 시간을 줄이려는 시도가 있을 때마다 오스트레일리아 국민은 반발해왔다. 그만큼 질의 시간은 오스트레일리아 민주주의에서 중요한 기능을 한다.

텔레비전을 통해 국민에게 방영되는 만큼 질의 시간은 야당에게는 현 정부의 고질적 문제점을 들춰내고 공론화시킬 수 있는 기회이다. 이때 공론화된 문제로 사퇴한 장관이 있을 정도이다. 아울러 질의 시간은 야당이 아닌 다른 소수 당원들도 목소리를 낼 수 있는 기회이기도 하다.

오스트레일리아는 만 18세부터 투표권이 생기는데 한국처럼 주민 등록 시스템이 없기 때문에 만 18세가 되기 전에 개인이 선거 위원회에 등록해야 한다. 등록은 만 16세부터 가능하지만 투표권은 만 18세가 된 이후에 생기며 이는 1925년부터 법으로 의무화되었다.

House of Representatives
Ballot Paper

OFFICIAL USE ONLY

Victoria
Electoral Division of Higgins

Number the boxes from 1 to 8 in
the order of your choice

EQUALITY
O'BRIEN, Rebecca
MARRIAGE EQUALITY

TREGEAR, Jessica
DERRYN HINCH'S JUSTICE PARTY

LIBERAL
O'DWYER, Kelly
LIBERAL

THE GREENS
BALL, Jason
THE GREENS

LIBERAL DEMOCRATS
KENNEDY, Robert
LIBERAL DEMOCRATS

Labor
KATTER, Carl
AUSTRALIAN LABOR PARTY

BASSETT, Nancy
NICK XENOPHON TEAM

ANIMAL JUSTICE PARTY
GULLONE, Eleonora
ANIMAL JUSTICE PARTY

Remember... number **every** box to make your vote count

● 투표 용지(출처-Hshook, CC BY-SA 4.0, via Wikimedia Commons)

주소가 바뀔 경우에는 이사 후 8주 안에 선거 위원회에 보고해야 하며 이를 불이행할 경우 벌금형이 부과될 수도 있다. 2013년 대선 통계에 따르면 선거 위원회에 등록하지 않은 사람은 총 120만 명으로, 인구의 약 8퍼센트가 투표를 하지 않고 있다.

사람들이 선거 위원회에 등록하지 않는 이유는 투표가 권리가 아닌 의무이기 때문이다. 오스트레일리아는 원래 한국처럼 자율적으로 투표권을 행사할 수 있었으나 1924년부터 의무로 바뀌었다. 그 이유는 만약에 인구의 50퍼센트만 투표했고, 그중 50퍼센트의 지지를 받는 후보가 당선되면 결과적으로 전 국민의 25퍼센트밖에 지지를 받지 못한 정부가 생기는 상황이 벌어지기 때문이다. 의무적으로라도 투표권을 행사하게 해서 국민의 과반수 이상의 지지를 받는 정부가 되어야 한다는 의견이 우세했다.

정당 입장에서도 투표를 독려하기 위한 선거 운동을 하지 않아도 된다는 경제적·전략적 이득이 있기 때문에 현재까지 오스트레일리아의 투표권은 권리가 아닌 의무로 되어있다.

오스트레일리아의 정당들

오스트레일리아의 정치는 2대 정당제라고도 불리는 양당제(兩黨制) 양상을 띠고 있으며 실질적으로 정권 획득을 놓고 경쟁을 벌이는 정당은 우파인 자유국민당과 좌파인 오스트레일리아노동당이다. 정당의 이름이 바뀐 적은 몇 번 있지만 자유 경제 및 작은 정부를 위해 힘쓰는 우파 당과 노동자의 권리와 복지를 위해 노력하는 좌파 당이 오스트레일리아가 연방 국가로 공표된 이후로 계속 존재했다.

현재 제3의 정당은 오스트레일리아노동당보다 더 좌파적 이념을 표방하는 초록당이며, 이 당은 환경 문제를 필두로 하여 난민 문제와 원주민 인권 문제 등 여러 가지 고질적인 사회적 문제를 해결하려 하고 있다.

난민 수용 문제에 소극적인 정부

국제법상 오스트레일리아는 난민을 받아들여야 하지만 실제로는 그들을 말레이시아나 동티모르 등 다른 나라에 있는 수용소로 보내버려 국제 사회에서 많은 질타를 받았다.

오스트레일리아 해군이 난민을 수용소로 보내면 그들은 그곳에서 오스트레일리아 정부가 비자를 발급해줄 때까지 기다려야 한다. 수용소의 생활 수준은 매우 열악한 것으로 알려져 있으며 수용소 교도관에 의해 폭행당하거나 강제로 자녀과 분리되는 경우도 많다.

지금도 몇백 명의 난민이 수용소에서 비자 받기를 기다리고 있다. 고향에서의 전쟁, 정치적 갈등, 테러 등을 피해 목숨을 걸고 오스트레일리아로 온 난민들은 길게는 8년이 넘는 시간 동안 기약 없이 자유의 몸이 되기를 희망하고 있다.

오스트레일리아의
독특한 정당

오스트레일리아 상원 선거에서는 독특한 정당들이 출마하는 것을 볼 수 있다. 선거 위원회에 정식으로 등록된 정당 중 색다른 정당 몇 개를 소개한다.

지속 가능한 오스트레일리아당

이 당은 중도 정치를 펼치면서 경제적, 환경적, 사회적으로 지속 가능한 오스트레일리아를 지향한다. 하지만 이를 이루기 위해 내건 대표적 공약이 이민자 수를 줄이는 것이라는 게 흥미롭다.

동물 정의당

동물의 권리를 대변하고 주장하기 위해 설립된 당이다. 동물도 감성이 있는 존재로 헌법상의 권리를 누릴 자격이 있다고 주장한다. 이들은 살아있는 동물의 수출을 완곡히 반대하며 전 세계적으로도 살아있는 동물을 수출해서는 안 된다고 주장한다.

적당한 집값당

이 당은 해외 투자자들이 오스트레일리아에 집을 사는 것을 금지시켜 오스트레일리아 부동산의 가격 인상을 막는 것을 목표로 한다. 다른 공약으로는 거주자 없이 비어있는 집에 세금 올리기와 에어비앤비 용도로만 집을 사용하는 것을 금지시키는 것이 있다.

오스트레일리아 대마초 합법화당

이름에서 예상할 수 있듯이 이 당은 개인적, 의료적, 상업적 용도의 대마초 사용을 합법화시키는 것이 주요 공약이다. 또한 대마초와 관련한 사유만으로 형을 살고 있는 사람들을 사면시키고 대마초 관련 범죄 기록을 말소시키고자 한다.

숙지된 의학 선택권당

예방 접종을 반대하는 당이며 수돗물 불소화 또한 개인의 허락 없이 약물을 투여하는 것과 동일시하며 반대한다.

오스트레일리아를 사랑하든가 떠나든가 당

'오스트레일리아에 대해서 불평할거면 네 나라로 가!'라는 말은 인종 차별주의자나 심한 애국주의자의 유행어 같은 말이다. 그런데 이에 걸맞게 이 당의 공약은 더욱 엄격한 이민 정책을 통해 무슬림의 오스트레일리아 이민 금지하기, 유엔에서 탈퇴하기, 개인 총 소지 합법화 그리고 오스트레일리아 모든 학교에서 매일 오스트레일리아 애국가 합창하기가 있다.

과학당

말 그대로 과학을 사랑하고 지지하는 당으로 과학 장려, 공교육 예산 증가, 안락사 및 낙태 합법화, 인터넷 사생활 보장, 마약 사용 비범죄화, 무인 차량 합법화, 기후 변화에 대한 대책 세우기 등의 공약이 있다.

5G 반대당

5G 반대당은 5G(5세대 이동 통신)가 건강과 환경에 해가 없다는 사실이 의학적·과학적으로 증명되기 전까지는 사용을 금지시켜야 한다고 주장한다. 케이블을 이용한 이동 통신은 찬성한다.

건강 오스트레일리아당

2013년에 '자연의학당'이라는 이름으로 창당했으나 2015년에 이름을 바꾸었다. 이 당은 예방 접종을 반대하며 자연의학을 약물 치료와 동일한 선상으로 취급해야 한다고 주장한다. 또한 불소는 독성 물질이라는 이유로 반대하지만 의료 목적으로 대마초를 사용하는 것에는 찬성한다.

교통 수단은 중요하다 당

택시 기사의 생계를 위협하는 탑승 공유 서비스의 활성화를 반대하며 창당한 당이다. 공약 또한 교통과 관련된 것이 많으며 택시 기사 임금 올리기, 탑승 공유 서비스 금지하기, 택시에 한해 톨게이트비 면제하기, 18세 이하와 65세 이상 대중교통 무료 이용 등이 있다. 당원 대부분이 택시 기사이다.

함께 생각하고 토론하기

오스트레일리아 데이는 1788년 오스트레일리아에 처음으로 백인이 정착한 날을 기념하는 공휴일입니다. 이날은 오스트레일리아의 공휴일 중 유일하게 애국적인 목적을 띠고 있습니다. 그러나 오스트레일리아 원주민의 시점에서 보면 이날은 학살과 폭력의 아픔이 있는 날입니다.

● 한 나라의 공휴일이 다른 나라 혹은 어떤 집단에게 상처와 아픔을 줄 수 있다면 이를 해결하기 위한 방안은 무엇일지 토론해봅시다.

오스트레일리아의 정부는 연방 정부, 주 정부, 지방 정부로 나누어져 있습니다. 연방 정부는 나라 전체를 통치하고, 여섯 개의 주에는 각각 주 단위의 정부와 국회가 따로 있습니다.

●● 오스트레일리아의 정치 시스템을 한국과 비교해보고, 한국에서도 지방 단위로 정부 및 국회가 따로 있는 것이 필요한지 찬성과 반대의 입장을 정해 토론해봅시다.

3부

역사로 보는
오스트레일리아

우리는 모두 시간의 방문자들이며
이 순간은 그저 스쳐갈뿐이다.
여기서 우리의 목적은
보고, 배우고, 자라며, 사랑하는 것이고
그 후 우리는 고향으로 돌아간다.
- 에보리지날 속담

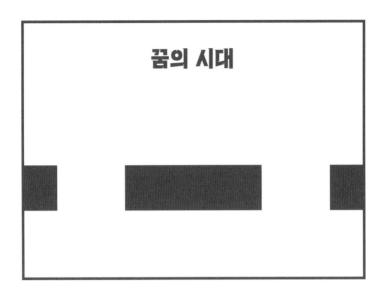

꿈의 시대

오스트레일리아의 역사는 세계에서 가장 오래되었다고도 할 수 있지만 다른 한편으로는 매우 짧다고도 할 수 있다. 그 이유는 오스트레일리아 원주민은 지구에서 가장 오랜 역사를 가진 민족 중 하나이지만 현재 우리가 알고 있는 오스트레일리아의 역사는 문서화된 기록으로 남겨진 1700년대 후반 영국 탐험가에 의해 발견되었을 때부터이기 때문이다.

지금부터 한편으로는 길고, 다른 한편으로는 짧은 오스트레일리아의 역사에 대해 차근차근 살펴보도록 하자.

지구에서 가장 오래된 종족

　오스트레일리아 원주민은 지구상에 있는 어떤 종족보다 오랜 문화적 역사를 가지고 있다. 오스트레일리아 역사를 연구해 온 학자들에 따르면 원주민은 최소 4만 년 전, 최대 약 5만~6만 5,000년 전부터 현재 오스트레일리아에 해당하는 땅에서 살았다고 한다. 세계 최초로 화장(火葬)의 흔적이 오스트레일리아에서 발견되었으며 제일 오래된 호모 사피엔스의 뼈와 도구도 오스트레일리아 원주민이 남긴 것이다.

　오스트레일리아 원주민은 오스트레일리아 대륙이 동남아시아와 가까이 있을 때 정착했을 것이라고 유추된다. 마지막 빙하기였던 시절 바다는 지금에 비해 수심이 얕았기 때문에 바다를 건너 현재 오스트레일리아 북쪽에 정착했다는 설이 가장 신빙성 있다.

　시간이 지나면서 원주민은 서서히 오스트레일리아 남쪽으로 이동해 현재 태즈메이니아에 해당되는 지역까지 이주했다. 빙하기가 끝나면서 해수면이 높아지자 태즈메이니아에 정착했던 원주민은 오스트레일리아 본토에 정착했던 원주민과 물리적으로 분리되었다고 한다.

　오스트레일리아 원주민에게는 '소유'라는 개념 자체가 없었다. 땅은 소유하는 것이 아니라 그저 머물면서 땅과 그 땅에 속한 조상의 혼과 관계를 지속하는 것이었다. 원주민은 대대손손

● 사냥하는 오스트레일리아 원주민(출처-Mitchell Library, State Library of New South Wales)

살아가야 할 땅을 조상의 혼이 미리 정해주었다고 믿었기 때문에 땅은 원주민의 정체성에 있어 아주 큰 부분을 차지했다.

소유의 개념이 없었으므로 본인의 땅이 아닌 다른 이의 땅을 침략할 필요가 없었고 땅 때문에 다른 민족 집단과 싸우는 일은 있을 수 없었다. 이러한 태도는 서양의 관점에서는 이해하기 힘들다. 결국 이로 인해 크나큰 비극이 발생했다.

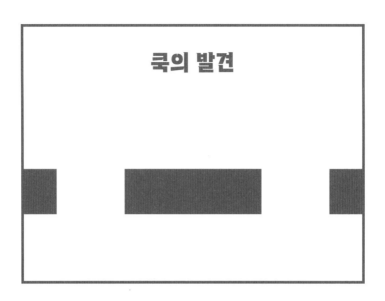

쿡의 발견

타히티섬으로 향한 영국의 인데버호

● 인데버호(출처-Archives New Zealand, CC
BY-SA 2.0, via Wikimedia Commons)

1768년 8월 26일 영국 플리머스에서는 제임스 쿡*James Cook*이라는 항해사가 국왕의 명을 받고 출항했다. 그는 범선 인데버호를 지휘해 태평양의 타히티섬으로 향했다.

인데버호에는 두 명의 중요한 인물이 타고 있었는데 한 명은 왕립학회의 학자였던 조셉 뱅크스*Joseph Banks*이고, 다른 한 명은 데이비드 솔랜더 *David Solander* 박사였다. 조셉 뱅크스는 인데버호가 타히티섬에 정박해있을 때 금성을 관측하는 임무를, 데이비드 솔랜더는 영국에 가지고 돌아가 연구할 식물들을 타히티섬에서 채집하는 임무를 맡았다.

타히티섬으로 향하던 제임스 쿡은 비밀 지령이 쓰인 봉투와 함께 조셉 뱅크스가 임무를 마칠 때까지 뜯어보지 말라는 명령을 받았다. 그 지령의 내용은 바로 타히티섬에서 서쪽으로 출항해 미지의 남방 대륙을 찾아보라는 것이었는데 사실 왕립학

● 오스트레일리아를 처음 발견한 백인인 캡틴 쿡

회의 원래 목적은 금성 관측보다는 그것을 빌미로 남쪽에 있는 대륙을 발견하는 것이었다.

1770년 4월 20일 인데버호는 드디어 새로운 땅을 발견했다. 바로 뉴질랜드다. 그리고 8일 후 제임스 쿡은 인데버호를 미지

의 땅에 정박시키고 동해안을 탐방하기 시작했다. 그는 미지의
땅의 동해안 일대를 '국왕의 이름과 국왕의 깃발 아래' 점령하
여 '뉴사우스웨일즈'라는 명칭을 부여했다.

처음 백인을 본 원주민 중 몇몇은 백인이 영적인 세계에서
돌아온 조상이어서 피부가 하얗다고 생각했으며 이를 입증하
듯 많은 원주민 언어에서 백인을 뜻하는 단어와 귀신을 뜻하는
단어가 동일하다. 또한 원주민은 유럽풍의 복식에 전혀 익숙하
지 않았기 때문에 백인도 인간임을 확인하기 위해 옷을 벗어보
라는 요구를 했다고 전해진다.

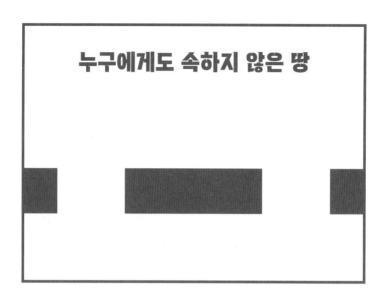

영국의 새로운 식민지가 된 오스트레일리아

영국은 1717년부터 죄수들을 식민지였던 미국으로 유배시켰으나 1776년 독립 전쟁 이후 미국은 더 이상 죄수들을 받아들이길 거부했고 그 결과 영국 내 감옥 시설은 과부화 현상이 일어났다.

이에 당시 영국 수상이었던 윌리엄 피트*William Pitt the Younger*는 1786년 오스트레일리아를 새로운 식민지로 삼겠다고 공표했고, 1787년 5월 13일 11척의 배에 선원 443명, 남자 죄수 568명, 여자 죄수 191명, 부모가 죄수인 13명의 아이, 해군 160명, 장교 51명, 병사의 아내 27명 그리고 지사(知事) 전용

● 퍼스트 플리트

조수 9명을 싣고 긴 여정을 시작했다. '퍼스트 플리트First Fleet'
라고 불린 이 11척의 배는 1788년 1월 26일 현재 시드니 하버
에 해당하는 지역에 입항했다.

백인에게 억압당하는 오스트레일리아 원주민

퍼스트 플리트가 입항했을 당시 오스트레일리아에는 약
30만~100만 명의 원주민이 600여 개의 민족 집단을 이루면
서 살고 있었다. 그들은 약 300개의 언어와 600개의 사투리를
사용했다.

백인이 오스트레일리아에 도착하자마자 원주민과의 갈등이 시작되었다. 백인은 원주민의 삶의 방식을 전혀 이해하지 못했고 이해하고자 하는 의지도 없었다. 영국 관료들은 원주민의 토지 소유권을 인정하지 않고 '테라 눌리우스*Terra Nullius*•'로 명한 후 원주민에게 영국 법에 따라 행동하기를 강요했다.

앞서 이야기했듯 원주민은 민족 집단 대대로 내려져오던 땅에 대한 깊은 애착이 있기 때문에 백인이 원주민을 다른 구역으로 이주시키려 하자 갈등이 시작되었다. 소유라는 개념이 없었던 원주민은 백인이 키우는 가축을 사냥해서 잡아먹었고, 백인은 원주민의 이런 행동을 약탈로 받아들여 갈등은 더욱 고조되었다.

원주민이 본 백인 사회는 약탈, 계급주의, 폭력, 술주정으로 얼룩져 있었고 이런 삶의 방식은 원주민이 중요시했던 공동체 원칙과 상반되어보였다. 모든 것을 서로 공유하고 정치적·사회적 지위가 중요하지 않았던 원주민과 개인주의를 중시하며 계급 사회에 익숙한 영국 백인은 서로의 문화를 전혀 이해하지 못한 채 상대의 행동을 비정상적이라고 여겼다.

서로 다른 삶의 방식과 가치관은 원주민 대학살이라는 결과를 초래했다. '검은 전쟁*Black War*'이라고 명명된 원주민과 백인

• 무주지(無主地)나 황무지를 뜻하는 라틴어로, 어떤 국가의 주권도 미치지 않은 영토 또는 이전에 주권을 행사했던 어떤 국가도 명시적 또는 암시적으로 주권을 포기한 영토를 의미한다.

● 검은 전쟁

의 싸움은 1840년대까지 계속되었고 싸움의 결과는 참혹했다. 종종 계엄령이 선포되었고 원주민은 100명씩 끔찍하게 살해당했다. 백인 이주자는 자발적으로 무리를 지어 다니며 원주민을 살해했으나 이런 백인의 행동은 거의 처벌받지 않았다. 원주민은 법정에서 목격자로 진술하는 것이 허용되지 않아 살인죄에 대한 증거를 제시할 수 없었기 때문이다.

강제적으로 이루어진 삶의 방식의 변화, 사냥감 및 식량의 고갈, 새로운 질병의 감염 등으로 원주민은 빠르게 사라졌고 살아남은 원주민도 삶의 터전을 잃은 채 마을 주변을 떠돌며 싼값에 노동을 하며 살게 되었다.

백인의 오스트레일리아 정착기

한편 오스트레일리아에 정착하려는 백인에게도 그들만의 고충이 있었다. 달력상으로는 분명히 겨울이어야 하는 날씨가 여름이었고 식량용 가축이 숲으로 도망쳐버려 영국에서 새로운 식량이 도착할 때까지 음식을 아껴 먹으면서 지낼 수밖에 없었다.

오스트레일리아에 도착한 대다수의 선원 및 죄수는 런던, 맨체스터, 리버풀과 같은 도시에 살았기 때문에 농사나 자연에 대한 지식이 없는 상태에서 새로운 땅에 적응할 수밖에 없었다.

● 초창기 오스트레일리아 모습(출처-George W Evans, CC BY 4.0, via State Library of New South Wales)

● 1789~1794년 오스트레일리아 죄수
들의 초상화(출처-Felipe Bauza, CC BY
4.0, via State Library of New South Wales)

오스트레일리아는 영국에서 온 죄수들을 위한 감옥이었으나 감옥 건물은 따로 없었다. 사방이 바다로 둘러싸였으니 나라 자체가 감옥이었다.

대다수의 죄수는 '마스터'라고 불리는 주인에게 할당되어 노동력의 대가로 음식과 숙소를 제공받았다. 아이러니하게도 이 죄수들은 영국에 사는 노동자보다 적게 일하고 많이 먹을 수 있었다. 심지어 많은 죄수가 형을 다 살기 전에 사면되었고, 사면된 사람은 약 12헥타르(약 3만 6,300평) 정도 되는 땅과 노동력을 위한 죄수도 할당받았다고 한다. 그 결과 형을 다 산 사람은 고국으로 돌아가지 않고 오스트레일리아에 남았으며 그들 중 대부분은 평생 법을 어기지 않았다고 한다.

일반인들의 이민 행렬

1832년부터는 죄수가 아닌 일반 사람이 오스트레일리아로 이민 오기 시작했고, 1840년대 영국은 더 이상 오스트레일리아로 죄수를 보내지 않기로 결정했다.

1850년대 후반 오스트레일리아에는 총 여섯 개의 식민지가 있었는데 뉴사우스웨일즈, 태즈메이니아, 웨스턴오스트레일리아, 사우스오스트레일리아, 빅토리아 그리고 퀸즐랜드였다.

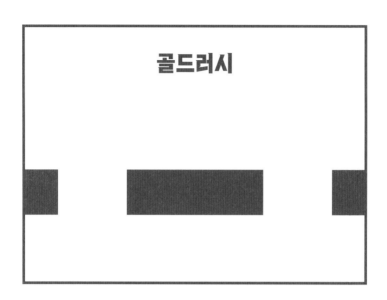

골드러시

최초의 금광 발견

1851년 에드워드 하그레이브스*Edward Hargraves*는 금광을 찾으면 오스트레일리아 정부가 보상금을 지급한다는 공고를 보고 몇 달간 금을 찾아 헤맸다. 드디어 뉴사우스웨일즈주에서 금을 발견한 그는 정부에게서 1만 파운드와 1877년부터 매년 250파운드의 연금을 보상으로 받았다. 1850년대 노동자의 연봉이 40~55파운드인 것을 감안하면 어마어마한 금액이었다.

한편 금광을 찾았다는 소식이 전해지자 며칠 새에 몇백 명이 뉴사우스웨일즈주의 금광 지대로 모여들었다. 이 때문에 빅토리아주의 인구는 급격하게 떨어졌고 위기를 느낀 빅토리아

● 1858년 빅토리아주 금광 근처 임시 거주지. 여러 깃발만 봐도 얼마나 다양한 사람이 금을 캐러왔는지 짐작할 수 있다.(출처-Dixson Galleries, State Library of New South Wales)

주 정부는 멜버른 200마일(약 320킬로미터)이내에서 금을 찾는 모든 사람에게 200파운드를 지급한다고 공표했다. 얼마 후 빅토리아주에는 뉴사우스웨일즈주보다 더 많은 사람이 모였다. 1851년 8만 명이던 빅토리아주의 인구는 10년 만에 50만 명이 되었다.

유령 도시가 된 마을

에드워드 하그레이브스가 금광을 제보한 지 열흘도 지나지 않아서 금광 지대에는 수많은 사람이 모여들었고 이는 오스트레일리아를 뒤집어놓았다. 사람들이 모조리 떠나 유령 도시가 된 마을이 넘쳐났고 금광 지대에는 새로운 거주지가 우후죽순 생겨났다. 사람들이 떠난 마을은 일꾼이 없어서 가게 문을 닫아야 했고 선원을 구하지 못해 배가 항해를 떠날 수 없었다. 심지어 멜버른은 경찰관조차 두 명을 제외하고는 모조리 금을 캐러 떠났다.

사람들은 가진 돈을 털어서 금 캐는 데 사용할 바구니, 곡괭이, 삽 등을 사들였다. 당시 빅토리아주 주지사였던 찰스 라트로브Charles LaTrobe에 따르면 전문직 종사자, 농부 그리고 상위 계층의 사람마저 일확천금을 얻기 위해 금광 지대로 향했고 집과 학교가 텅 비었다고 한다. 골드러시 때문에 마을에는 버림받은 아내와 아이가 급증했다.

금을 캐기 위해 몰려든 중국인

1853년에는 금을 수출해서 얻은 수익이 양모를 수출해 얻은 수익을 넘어섰고, 1850년대 빅토리아주는 전 세계 금 물량의 3분의 1 이상을 공급했다. 또한 금을 캘 수 있다는 소식을 들은 사람들이 오스트레일리아로 몰리기 시작했는데 1852년에만 37만 명의 이민자가 들어오면서 오스트레일리아는 급격한 경제적 성장을 겪었다.

● 〈중국인의 침략〉이라는 제목으로 그려진 백인의 시선으로 본 1875년 퀸즐랜드 금광의 모습(출처-State Library of Queensland)

　이민자 중에는 중국인이 특히 많았는데 1854년 중반에는 약 4,000명의 중국인이 있었다. 그들은 오스트레일리아 광부들처럼 개인으로 활동하지 않고 중국 부유층에 고용되어 일했다. 즉 월급을 받고 일하고 발굴한 금은 중국의 고용주에게 보내는 방식이었다.

　1857년에는 빅토리아주의 금광 지대에만 2만 3,623명의 중국인이 일했다. 급격히 늘어난 중국인을 좋지 않게 보는 시선도 점점 커져만 갔는데 너무 많은 중국인이 오스트레일리아로 오는 것을 막기 위해 1854년에는 배를 통해 빅토리아주에 도착하는 중국 이민자 한 명당 10파운드씩 세금을 걷는 방안도 생겨났다.

　그러나 중국인은 사우스오스트레일리아주에 배를 정박하고

육로를 통해 빅토리아주로 들어왔기 때문에 이 방안은 중국인의 이민을 막지 못했다. 금을 캐기 위해 오스트레일리아에 정착한 중국인은 거의 대부분 남자였으며 그들은 아편을 피웠고 그들에 대한 나쁜 소문이 자자했다. 또한 그들은 일을 매우 열심히 했기 때문에 금을 캐기 위해 경쟁하는 백인에게는 환영받지 못했다. 백인과 중국인의 사이는 점점 나빠졌고 1857년에는 중국인을 향한 조직적 폭력 사태가 벌어졌다. 백인의 폭력으로 중국인이 금광 지대에서 대피해야 했던 적도 있었다.

금광으로 인한 도시의 발전

금광의 발견으로 1870년대 오스트레일리아에 정착한 이민자 수는 강제 이주된 죄수보다 많았다. 1851년에 43만 명이었던 오스트레일리아의 인구는 1871년에는 170만 명으로 늘어났다.

금 수출로 인해 오스트레일리아 경제는 활성화되었다. 금광 지대에서 오고가던 수많은 사람으로 인해 1850년대에는 오스트레일리아 최초로 도로가 건설되었고, 통신과 운송 체계가 발달하면서 해안 도시인 시드니와 멜버른이 성장하기 시작했다.

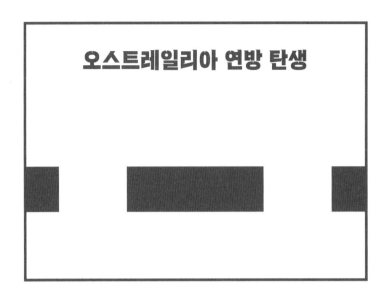

오스트레일리아 연방 탄생

처음의 오스트레일리아는 영국의 식민지로 영국에서 넘쳐 난 죄수들의 수용소로 쓰였다. 그러나 인구 증가, 늘어난 이민 자, 형을 끝내고 정착한 복역자로 인해 오스트레일리아는 점 차 연방화하여 주도적인 정권을 갖기를 희망하는 사람이 늘어 났다.

1898년 1월과 2월 멜버른에서 오스트레일리아 헌법 제정을 위한 각종 회의가 열렸고 제정된 헌법을 토대로 각 지역에서 는 연방화에 대한 찬반 투표를 실시했다. 그 결과 웨스턴오스트 레일리아주를 제외한 다른 주에서는 독립을 찬성했고 이에 오 스트레일리아 대표자들은 헌법 초안을 들고 런던으로 향했다.

오스트레일리아 연방화를 반대했던 웨스턴오스트레일리아

주는 그들의 이득을 보호해줄 몇 개의 조항이 헌법에 추가된다면 찬성하겠다는 입장을 밝혔으나 이 요청은 수락되지 못했다.

해변가에 살던 사람들은 독립을 반대한 반면 금광 지대 거주자는 찬성했다. 그들은 웨스턴오스트레일리아주 정부가 끝까지 연방화를 거부한다면 금광 지대 도시만 독립하겠다는 입장을 밝혔고, 웨스턴오스트레일리아주 경제에 많은 영향을 끼친 금광 지대를 놓칠 수 없었던 주 정부는 1968년 중반 투표를 실시해 연방화에 대한 찬성을 얻었다.

한편 오스트레일리아의 헌법 초안은 영국 국회에서 통과되어 당시 영국의 빅토리아 여왕은 1901년 1월 1일 오스트레일리아 연방 국가 설립을 공표했다.

백호주의의 시초가 된 이민제한법

1901년 5월 새로운 국가가 된 오스트레일리아의 첫 번째 국회 회의가 멜버른에서 열렸다. 이 회의에서 첫 번째로 발안된 정책은 '영연방 이민제한법'이다. 이는 늘어나고 있는 동양에서 온 이민자를 막기 위한 법안이었다.

당시 법무상이자 국회 의원이었던 알프레드 디킨*Alfred Deakin*은 "오스트레일리아는 유럽으로 남을 것입니다. 그리고 오스트레일리아 연방 국가는 백인의 국가로 남을 것입니다."라고 연설하며 이민제한법을 발의했다. 그리고 오스트레일리아라는 나라의 토대는 통일된 인종으로, 모든 사람이 같은 아이디어, 인성, 가치관과 전통을 공유하는 나라라고 강조했다.

일부 국회 의원은 해당 법률안이 인종적 차별이며 편견이라고 반발했고, 알프레드 디킨이 근면하고 비상한 일본인을 두려워해 이런 법률을 제정했다고 비난했다. 많은 사람의 반대에도 불구하고 영연방 이민제한법은 오스트레일리아의 백인 인종의 순수성을 보전하고 아시아의 값싼 노동력에서 오스트레일리아 노동 인구를 보호하며 아시아의 침략 가능성에서 국가를 방어하기 위한다는 미명 아래 공식화되었다.

이 법안으로 유색 인종은 오스트레일리아 공무원이 선택한 유럽 언어 중 하나로 받아쓰기 시험에 통과해야 이민을 올 수 있었다. 유럽에서 온 이민자는 시험이 면제되거나 모국어로 시험을 볼 수 있었지만 중국인이나 인도인 같은 유색 인종은 평생 접해본 적도 없는 네덜란드어나 헝가리어와 같은 언어로 시험을 치러야 했다.

또한 이 법안은 정부가 원하지 않는 사상을 가진 사람의 입국을 저지하는 데도 쓰였다. 1934년 체코에서 온 기자가 오스트레일리아에 입국하려 했는데 공산주의자였던 그에게 오스트레일리아 정부는 게일어로 받아쓰기 시험을 보게 했다. 당연히 그는 오스트레일리아에 입국할 수 없었다. 다행히 그 기자는 대법원이 스코틀랜드에서 쓰이는 게일어는 영연방 이민제한법이 인정하는 언어가 아니라는 판결을 내려 오스트레일리아에 입국할 수 있었으나 뉴질랜드에서 오스트레일리아로 입국하려 했던 또 다른 공산주의자는 네덜란드어로 진행된 받아쓰기 시험에 통과하지 못해서 입국이 거부되었다.

백호주의에서 다문화주의로

2차 세계 대전이 끝나고 1950~1960년대에 오스트레일리아는 많은 이민자를 받아들였다. 그 당시 오스트레일리아로 이민 온 사람 대부분은 폴란드, 유고슬라비아, 라트비아, 리투아니아, 에스토니아, 우크라이나, 체코슬로바키아, 헝가리 등 동유럽 사람이었다. 그 결과 1950년대에 800만 명이었던 오스트레일리아의 인구는 1971년에 1,270만 명까지 늘어났고 이민자와 그들의 자녀가 증가한 인구의 53퍼센트를 차지했다. 이민자 덕분에 오스트레일리아의 식생활은 다양해졌으며 수도권 지역에는 나라별로 모여 사는 마을도 생겼다.

시간이 지나면서 오스트레일리아 정부는 인구를 더 증가시키고 부족한 노동력을 해결해야 했다. 또한 아시아 국가의 반발과 원성도 계속되었다. 결국 1973년 새로 들어선 노동당 정부가 다문화주의를 공포하면서 백호주의 정책은 공식적으로 폐기되었다.

정부는 인종, 성, 종교, 국적, 출신지와 관계없이 누구든지 오스트레일리아로 이민 올 수 있는 열린 이민 정책을 펼쳤다. 그 결과 1970~1980년대에는 베트남, 캄보디아, 라오스에서 온 난민이 오스트레일리아에 정착했는데 그 수가 거의 8만 명에 달했다고 한다. 이들 중 대부분은 베트남에서 공산주의 정부를 피해 배를 타고 온 사람이었다. 이들은 항해하기 적합하지 않은 배를 타고 굶주림과 해적, 풍랑 등의 위험을 무릅쓰면서 오스트레일리아로 향했다. 오스트레일리아에 도달하지 못하고 바다에서 생을 마감한 사람이 얼마나 되는지는 알려지지 않았다.

백호주의 정책은 공식적으로 폐기되었지만 그 잔재는 오랜 기간 지속되었다. 1996년 국회 의원에 당선된 폴린 핸슨*Pauline Hanson*은 국회에서 한 첫 연설에서 "오스트레일리아는 동양인들이 점령하고 있다."라는 발언을 하면서 다문화주의를 반대했다.

현재까지도 국회 의원으로 활동하고 있는 그는 다문화주의를 반대하는 언행과 공약으로 보수층의 지지를 받고 있다. 도시에서는 "부끄러운 줄 알라."며 대놓고 폴린 핸슨을 비판하는 사람도 많지만 그가 꾸준히 국회 의원에 당선되는 것을 보면 아직도 오스트레일리아에 백호주의가 남아있다는 것을 알 수 있다. 실제로 시골에 사는 나이가 많거나 고등 교육을 받지 못한 사람들은 동양인에게 "중국인은 네 나라로 꺼져!"와 같은 말을 하고는 한다.

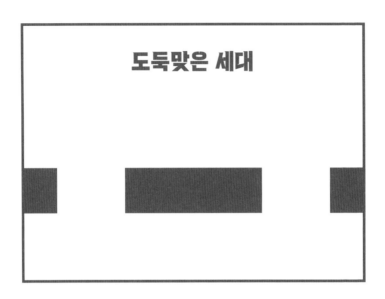

도둑맞은 세대

정부가 주도한 원주민 납치 사건

오스트레일리아 정부는 1800년대 후반부터 '동화와 보호'라는 명목하에 원주민 아이를 가족에게서 떼어내 멀리 떨어진 기숙사로 보내기 시작했다. 이는 1차 세계 대전 이후 더 심해져 원주민 아이는 부모와 상의나 허락 없이 새로운 장소로 보내졌다.

후대에 이러한 행위는 정부가 참여한 대형 납치 사건으로 분류되었고 이때 가족과 생이별한 아이들을 '도둑맞은 세대'라고 부른다. 이들 중 일부는 아예 가족과 연락이 끊겨 가족에 대한 기억이 없다고 한다.

이 납치 사건으로 거의 모든 원주민 가족이 피해를 입었다. 원주민 아이 중 약 10~35퍼센트가 납치당했기 때문에 오스트레일리아 원주민이라면 도둑맞은 세대 때 납치당했던 사람을 적어도 한 명 정도는 알고 있다.

정부에 의해 원주민 아이는 약 네 살 무렵부터 가족과 분리되어 정부 혹은 교회에서 운영하는 보육원이나 기숙사 학교에 맡겨졌다. 이런 시설은 환경이 매우 열악했고 엄격한 규율에 따라서 생활하지 않으면 독방에 갇혔으며 저녁 식사 이후에는 기숙사 방에 갇히는 등 자유롭지 못한 생활을 해야 했다. 보육원에 보내진 아이 중 대부분은 백인 가정에 입양되었고 열네 살이 되면 일을 해야 했지만 급여를 제대로 받지 못했다.

원주민 아이는 가족과 이별했을 뿐 아니라 자신의 문화와 역사에서도 자연스럽게 멀어졌다. 강제로 들어간 기숙 학교에서는 원주민 언어를 쓰거나 원주민 언어로 노래를 부르는 게 금지되었고 가족과의 연락도 제한되고 검열되었다. 이는 원주민 문화를 근절하기 위한 조치였고 오스트레일리아 정부에서는 원주민 아이들이 더욱 백인다워지기를 요구했다.

많은 아이가 보육원이나 입양된 백인 가정에서 성적, 정서적, 육체적 학대를 받았다. 자녀를 잃은 가족은 다시 그들을 되찾기 위해 많은 노력을 기울였지만 자녀를 되찾는 경우는 드물었고 자녀에게 쓴 편지조차 배달되지 않았다.

원주민의 모든 문화와 역사는 문자 없이 구전으로 전해졌기

● 정부에 의해 가족과 떨어져 살아야 했던 도둑맞은 세대의 아이들

때문에 몇 세대에 걸쳐 아이들을 빼앗김으로써 원주민 문화의 많은 부분이 역사 속으로 소멸되었다. 원주민 아이의 자유와 뿌리를 빼앗은 이 정책은 1970년대까지 계속되었다.

도둑맞은 세대를 위한 오스트레일리아 정부의 노력

1995년이 되어서야 폴 키팅Paul Keating 수상의 노동당 정부가 원주민 단체의 요구를 받아들여 이 정책에 대한 청문회를 열었다. 청문회가 수집한 피해 사례와 청원을 토대로 1997년에 〈그들을 집으로 데려오며Bringing Them Home〉라는 보고서가 발표되었는데 700페이지가 넘는 이 보고서에는 정부적 차원의 납치, 납치 후 아이들이 겪은 일, 그러한 강제적 분리가 원주민 사회에 어떤 악영향을 끼쳤는지에 대하 빠짐없이 서술되어있다.

현재 오스트레일리아의 모든 주에서는 원주민이 잃어버린 가족을 찾을 수 있게 돕는 서비스와 기금이 마련되어있다. 1980년부터 1994년까지 뉴사우스웨일즈주에서만 1,000명이 넘는 원주민이 이 서비스를 통해 가족을 찾았다고 한다.

열악한 오스트레일리아 원주민의 현실

하지만 지금까지도 오스트레일리아 원주민은 과거의 정책과 차별 때문에 아픔을 겪고 있고, 다른 오스트레일리아 국민에 비해 열악한 환경에서 살고 있다. 이들은 평균보다 훨씬 높은 문맹률과 실업률을 갖고 있으며 범죄에도 쉽게 노출되어있다. 원주민이 모여 사는 몇몇 마을의 생활 수준은 개발도상국보다 낮아 많은 원주민이 영양실조나 병에 걸려 고통받고 있다. 이러한 오스트레일리아 원주민의 현실을 보면 오스트레일리아 정부는 원주민과의 진정한 평화와 평등을 위해 더 많은 노력을 해야만 한다.

마보 판결

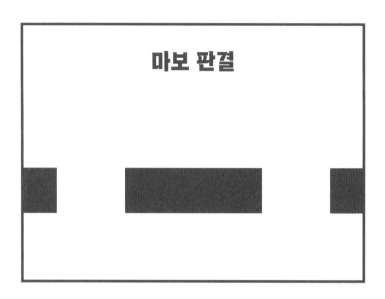

머레이섬을 되찾기 위해 소송을 건 메리암 민족 집단

1982년 5월 에디 마보*Eddie Mabo*, 데이빗 파시*David Passi*, 샘 파시*Sam Passi*, 셀루이아 마포 살레*Celuia Mapo Sale*, 제임스 라이스 *James Rice*는 머레이섬의 메리암 민족 집단을 대표해 1879년에 이들의 땅을 약탈해간 퀸즐랜드주를 상대로 소송을 시작했다.

대법원까지 간 이 소송에서 그들은 퀸즐랜드주가 주장하는 정부의 토지권보다 수천 년 전부터 머레이섬에 산 메리암 민족 집단의 소유권이 우선이라는 사실을 주장했고, 법정이 머레이섬의 주인은 메리암 민족 집단이라는 것과 퀸즐랜드주는 메리암 민족 집단의 소유권을 박탈할 자격이 없다는 판결을 내려달라고 요청했다.

토지 소유권을 인정받은 원주민

10년이나 걸린 이 법정 공방은 1992년 6월 3일 대법원이 머레이섬에 대한 소유권과 점령권은 메리암 민족 집단에게 있다고 판결을 내리면서 막을 내렸다. 이 마보 판결은 영국인이 처음 오스트레일리아를 점령할 때 명했던 '오스트레일리아는 누구에게도 속하지 않은 땅'이라는 평가를 뒤집었고 원주민이 오래전부터 살아온 토지에 한해 해당 민족 집단의 토지권을 인정해준 판례가 되었다.

1993년 6월 국회는 원주민의 토지 소유권을 상당 부분 인정하는 원주민 토지 소유 권리법을 통과시켰다. 이 법은 현존하는 탄광 및 목장 토지는 원주민에게 땅을 임대하는 개념으로 분류하여 탄광 및 목장업이 지속할 수 있게 하되 땅을 잃은 원주민은 그에 대해 경제적 손해 배상을 받을 수 있게 하였다.

마보 판결은 땅에 대한 원주민의 소유권을 인정함으로써 오스트레일리아 정부와 원주민의 관계를 회복시키는 데 한걸음 나아간 판결로 평가된다.

캐빈 러드의 연설문

2007년 수상 후보였던 케빈 러드*Kevin Rudd*는 오스트레일리아 노동당이 과반수 이상을 득표해서 본인이 수상으로 당선된다면 연방 정부를 대표해 원주민에게 사과하겠다는 공약을 내걸었다.

● 캐빈 러드의 연설(출처-Virginia Murdoch, CC BY-SA 2.0, via Wikimedia Commons)

결국 선거에서 이겨 수상이 된 그는 2008년 2월 12일 오스트레일리아 역사에 길이 남을 연설을 했다. 그의 연설은 오스트레일리아 정부가 최초로 과거의 과오를 정식으로 인정하고 사과한 사례였기 때문에 많은 사람의 지지와 관심을 받았다.

오늘 우리는 인류 역사상 가장 오래된 문화를 자랑하는 이 땅의 주민들에게 경의를 표합니다. 그들이 견딘 지난날의 학대를 되돌아봅니다.

특히, 우리는 우리나라 역사의 수치스러운 한 장(章)인 도둑맞은 세대를 되돌아봅니다. 이제 당당하게 미래로 나아갈 수 있게 지난날의 과오를 올바르게 하여 오스트레일리아 역사의 다음 페이지를 써 나가야 할 날이 왔습니다.

지난 국회와 정부가 정책과 법을 통해서 같은 오스트레일리아인에게 가한 깊은 슬픔, 아픔 그리고 상실에 대해 사과합니다.

특히 원주민 아이를 그들의 가족과 지역 사회와 헤어지게 한 것에 대해 사과합니다. 도둑맞은 세대가 견뎌야 했던 아픔, 괴로움 그리고 고통에 대해 그리고 그들의 자손과 가족에게 우리는 죄송하다고 말합니다.

어머니와 아버지들, 형제와 자매들에게, 가족과 지역 사회를 무너뜨려 죄송하다고 말합니다.

그로 인해 자랑스러운 사람들과 자랑스러운 문화에 치욕과 수모를 안겨드린 것에 대해 죄송하다고 말합니다.

오스트레일리아 국회는 존경심을 담아서 이 사과가 우리 국가를 치유하는 데 한 걸음 더 나아가게 할 수 있도록 받아들여지기를 기원합니다.

우리는 미래를 기대하며 위대한 우리 국가의 새로운 역사의 장이 쓰여지기를 기원합니다.

오늘 우리는 이 새로운 장의 첫걸음을 떼며, 과거를 인정하고 모든 오스트레일리아인을 포용할 수 있는 미래를 희망합니다.

이 국회는 미래에는 과거의 부당함이 절대 다시는 반복되지 않아야 한다고 맹세합니다. 원주민과 비원주민을 아우르는 모든 오스트레일리아인의 투지를 담아서 그들 사이에 존재하는 평균 수명, 교육 그리고 경제적 기회의 격차를 좁히는 미래, 낡은 해법이 해결하지 못했던 고질적 문제의 해결을 위하여 새로운 해법을 우리 모두가 받아들이는 미래, 상호 간의 존중, 노력 그리고 책임이 존재하는 미래, 출신 불문하고 모든 오스트레일리아인이 정말로 평등한 파트너로서 동등한 기회를 갖고 오스트레일리아라는 이 위대한 국가의 역사의 다음 장을 평등하게 써나갈 수 있는 미래를 희망합니다.

보이스 국민투표

2017년 5월 오스트레일리아 전역의 원주민과 토레스 해협 군도민 지역사회 대표단은 울루루 인근의 원주민 전국 헌법대회에서 오스트레일리아 국민에게 전하는 '마음에서 우러나온 울루루 성명*Uluru Statement from the Heart*'을 작성하였다. 이 성명은 오스트레일리아 원주민의 발언권을 헌법에 명시할 것을 주장하며 정부와 원주민 간의 합의 절차 및 역사에 대한 진실을 밝히는 과정을 감독하기 위한 위원회를 세워야 한다고 요구했다.

이와 같은 요청에 대한 답으로 2023년 10월, '원주민과 토레스 해렵 군도민 보이스*Aboriginal and Torres Strait Islander Voice*'라는 명칭의 기관을 설립하는 내용의 헌법 개정을 할 것인지에 관한 국민투표가 실시됐다. 이는 앞서 다뤘던 1999년의 공화제 국민투표 이후 처음 실시되는 국민투표였다.

보이스는 원주민 및 토레스 해협 군도민들과 관련된 사안에 대하여 의회 및 행정부의 요청에 따라 원주민 및 토레스 해협 군도민들을 대표하여 법률 및 정책 개발의 자문을 담당하는 기관으로 설계되었으며 원주민 및 토레스 해협 군도민 지역사회에 의해 선출된 회원들로 이루어질 예정이였다. 국민투표를 통해 제안된 발의안은 보이스 설립분만이 아니라 오스트레일리아 원주민 및 토레스 해협 군도민을 오스트레일리아의 첫 주

● 2023년 9월 브리즈번에서 국민투표 찬
성 집회를 하는 사람들

● 마음에서 우러나온 울루루 성명을 사인
하고 있는 원주민 대표

민으로 인정하는 내용이 포함되어 있었다.

투표 찬성 의견으로는 오스트레일리아는 뉴질랜드, 캐나다, 미국과 같은 다른 옛 영국 식민지와 달리 원주민들과 공식적인 협약을 맺은 바가 없기에 보이스와 같은 원주민 자문기구가 탄생하면 원주민과 직결된 사안의 정책 입안에 다양한 원주민 사회의 입장을 반영시킬 수 있다는 점, 그리고 이러한 기구가 헌법 기구로 설립되어야 정권 교체와 무관하게 절차가 보장된다는 점이 있었다. 오스트레일리아 법률 협의회, 국제앰네스티, 오스트레일리아 의사 협회 등 각 분야의 대표 협회 및 오스트레일리아를 대표하는 기업들의 대표들, 진보 진영 정치인들, 공법/헌법 교수들 등이 찬성의 목소리를 냈다.

한편 반대 의견으로는 오스트레일리아 사회에서 원주민에게 이러한 특권이 허용된 사례가 없으며 의회 내에서의 원주민의 영향력이 과도할 것이라는 의견과, 반대로 보이스는 상징적 기구에 불과하며 원주민 지역 사회가 당면한 구조적 문제 해결에 도움이 되지 않는다는 의견이 있었다.

오스트레일리아 모든 국민투표가 그러하듯이, 발의안이 통과되려면

6개 주 가운데 적어도 4개 주에서 유권자 과반수가 찬성해야 하며 전체 오스트레일리아 유권자 과반수가 찬성에 투표해야 했다. 투표 결과 6개 주 모두에서 반대 결과가 나왔고 전체 오스트레일리아 유권자의 반대표 역시 60.8퍼센트가 나왔다. 오스트레일리아 정부는 결과를 반영하여 보이스 설립 계획을 취소했으며 원주민 불이익 격차를 줄이기 위한 새로운 대책을 연구하기로 약속하였다.

마음에서 우러나온 울루루 성명 내용

2017 전국 헌법대회에 모인 우리는 남쪽 하늘 모든 지점으로부터 한데 모여 마음에서 우러나온 성명서를 발표한다:

우리 원주민과 토레스 해협 섬 부족들은 호주 대륙과 그에 인접한 섬들의 최초의 주권 국가였으며, 우리 고유의 법과 관습에 따라 그것을 소유했다. 이는 우리 조상들이 문화적 추정에 따라, 창조로부터 '태고시대'의 관습법에 따라, 그리고 6만 년 전 이어온 과학에 근거해, 뒷받침될 수 있다.

우리의 주권은 영적인 개념이다: 이 땅, 즉 '어머니의 자연'과 그곳에서 태어난 원주민과 토레스 해협 군도민의 조상대대로 내려오는 유대 관계는 한 몸과 같으며, 언젠가는 우리 조상들과 연합하기 위해 그곳으로 돌아가야 한다. 이 연결고리는 토지 소유권의 기초가 되며, 더 나아가 주권의 토대가 된다. 이는 결코 양도되거나 소멸된 적이 없으며, 왕실의 주권과 공존한 적이 없다.

그런 적이 없는데 어떻게 이렇게 될 수 있었을까? 우리 조상들은 육만 년 동안 땅을 소유했지만 이 신성한 연결고리는 단지 200년 만에 세계 역사에서 사라졌다. 실질적인 헌법 개정과 구조 개혁을 통해 우리는 이 조상의 주권이 호주의 민족성을 더욱 완전하게 표현할 수 있다고 믿는다.

우리는 비율적으로 지구상에서 가장 많이 감금당한 사람들이다. 우리는 선천적인 범죄자가 아니다. 우리 아이들은 전례 없는 비율로 가족들로부터 멀어졌다. 이는 우리가 그들을 사랑하지 않았기 때문이 아니다.

그리고 터무니없이 많은 우리의 젊은이들이 구금돼 활기를 잃었다. 그들은 미래에 대한 우리의 희망이 돼야 한다. 이러한 위기의 성격은 우리 문제점이 가진 구조적인 본질을 분명히 말해준다. 이것이 우리의 무력함의 고통이다.

우리는 우리 원주민들에게 권한을 부여하고 우리 나라에서 정당한 지위를 차지하기 위해 헌법 개혁을 추구한다. 우리가 우리의 운명을 지배할 힘이 있을 때 우리의 아이들은 번성할 것이다. 그들은 두 세계에서 걸어 나갈 것이고 그들의 문화는 그들의 나라에 선물이 될 것이다.

우리는 원주민의 발언권을 헌법상 명시하도록 제정할 것을 촉구한다: 마카라타는 우리 의제의 정점이다. 투쟁 끝에 함께 하는 것이다. 오스트레일리아 국민과의 공정하고 진실된 관계에 대한 우리의 열망과 정의와 자기결정권을 기반으로 우리 아이들의 더 나은 미래를 담고 있다.

우리는 정부와 원주민 간의 합의 절차 및 우리 역사에 대한 진실을 밝히는 과정을 감독하기 위해 마카라타 위원회를 세우고자 한다. 1967년 우리는 센서스 인구조사에 포함됐고, 2017년 우리의 발언권을 추구하고자 한다.

우리는 베이스캠프를 떠나 이 광대한 나라를 가로지르는 여행을 시작했다. 더 나은 미래를 위해 호주 국민들의 움직임에 동행하도록 여러분을 초대한다.

함께 생각하고 토론하기

어떤 관점에서는 세계에서 가장 길다고도 말할 수 있고, 또 다른 관점에서는 매우 짧다고도 할 수 있는 오스트레일리아의 역사에 대해 살펴보았습니다. 오스트레일리아 원주민은 최소 4만 년 전부터 지금의 오스트레일리아라고 명명하는 땅에서 살았는데도 1770년 영국인에 의해 오스트레일리아 대륙이 발견되면서 학살당하고 그 이후에도 차별받았습니다. 이러한 차별과 부조리는 1990년대가 되어서야 인지되었습니다.

현재까지도 오스트레일리아 원주민은 과거의 정책과 차별 때문에 아픔을 겪고 있으며 다른 오스트레일리아 국민에 비해 열악한 환경에서 살고 있습니다.

● 국가적 차원에서 저지른 과거의 과오가 현재까지도 일부 국민에게 악영향을 끼치고 있을 때 어떻게 해결해야 하는지 논의해봅시다.

4부

문화로 보는
오스트레일리아

하루 하루 그 전날보다 더 나아지도록 노력하라.

- 줄리아 길라드 *Julia Gillard*

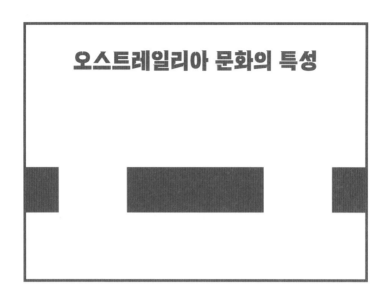

오스트레일리아 문화의 특성

이민자의 영향을 받은 문화

원주민 문화를 제외한 오스트레일리아의 국가적 가치관과 문화는 지난 100년 동안 만들어졌다. 그전에는 오스트레일리아에 처음 정착했던 영국인의 잔해로 영국 문화와 별다를 게 없었고 오스트레일리아만의 전통이나 문화적 가치관은 2차 세계 대전 이후 이민자들이 오스트레일리아에 들어오면서 발달되었다.

2016년 인구 조사에 따르면 오스트레일리아 거주자의 3분의 1은 오스트레일리아 밖에서 태어났는데 이 중 18퍼센트가 2012년 이후에 이민 온 사람들이다. 2차 세계 대전 이후 유입된 이민자는 오스트레일리아의 문화와 국가 정체성에 많은 영향을 끼쳤다. 이는 음식, 스포츠, 사회적 통념, 예술 그리고 학문적 생각에서 긍정적인 두각을 나타냈다.

성문화된 오스트레일리아의 가치관

1940~1960년대에 오스트레일리아 정부는 이민자에게 최대한 빨리 영어를 배울 것을 요구했고 그들의 자녀도 완벽하게 영어를 하고 오스트레일리아인처럼 행동하고 생각하는 '완벽한 오스트레일리아인'으로 키우기를 권장했다.

1989년 연방 정부는 이전과는 다른 다문화 정책을 공표했다. 오스트레일리아의 문화를 단일화하기보다는 나라 안에서 여러 문화가 공존할 수 있고, 이민자의 자녀는 고향의 문화와 전통을 이해하고 자긍심을 갖도록 권했다. 이에 따라 텔레비전과 라디오에서는 여러 언어로 제작된 방송이 방영되었으며 전국적으로 이민자를 돕기 위한 무료 전화 통역 서비스가 신설되었다.

이민자가 많은 오스트레일리아는 다민족, 다문화 이민자의 화합을 위해 오스트레일리아만의 공통된 가치관이 필요했다. 이에 오스트레일리아에 거주하고자 하는 임시 및 영구 비자 신청자와 일부 단기 체류 비자 신청자는 정부가 제공하는 오스트레일리아 가치에 대한 설명을 듣고 '오스트레일리아 가치 성명문'에 서명해야 했다.

> **'오스트레일리아 가치 성명문'에 있는 오스트레일리아의 가치관**
>
> • 개인의 동등한 가치와 존엄성, 자유를 존중, 언론의 자유
> • 종교의 자유와 세속 정부 결사의 자유
> • 의회 민주주의와 법치주의에 대한 지지, 법 앞에서 평등
> • 남녀평등 기회 균등, 평화 정신
> • 관용과 상호 존중, 불우 이웃에 대한 온정을 포괄하는 평등주의 정신

직설적이고 솔직한 사람들

오스트레일리아 사람들은 공정한 기회와 기회의 균등을 매우 중요하게 여긴다. 이는 개인이 삶에서 성취하는 것은 타고난 신분이나 특혜에 의해 결정되는 것이 아니라 재능과 노력, 근면성의 결과임을 의미한다. 이와 비슷한 맥락으로 오만함을 지양하며 겸손함을 중요하게 여긴다. 잘난 척하는 사람은 공개적으로 비난받기 쉽다.

오스트레일리아에서는 정치인의 기자 회견장에 코미디언이 숨어 들어가 우스꽝스러운 질문을 종종하기도 하는데 이러한 일이 일어났을 때 해당 코미디언을 내쫓거나 질문에 대해 불쾌해 하면 잘난 척하는 비호감 정치인으로 낙인찍히기 십상이다. 이러한 사회적 분위기 때문에 남다른 재능을 지닌 인재도 본인의 능력을 과시하지 않으려 한다.

오스트레일리아 사람들은 대개 직설적이며 솔직하다. 그래서 오스트레일리아 사람을 처음 만나면 과하다 싶을 정도로 개인적인 질문을 많이 한다고 느낄 수 있다. 이러한 태도가 자칫 무례해 보일 수도 있지만 오스트레일리아에서는 통념되는 것이라서 솔직하게 답변한다면 오히려 쉽게 친구를 사귀는 기회로 만들 수 있다.

정이 많고 행복한 사람들

여행이나 출장 등으로 장기간 오스트레일리아를 떠나 있다가 다시 돌아오면 오스트레일리아 사람들은 대체로 여유롭고 정이 많고 행복한 사람이라는 생각이 든다. 길 가다가 우연히 눈을 마주치면 미소를 지어주고, 엘리베이터에서 처음 만난 사람이 오늘 하루는 어땠는지 물어보는 게 어색한 일이 아니며 길 가다가 살짝만 부딪혀도 먼저 미안하다고 사과를 건넨다.

오스트레일리아에 있을 때는 일상인 이러한 일들이 다른 나라로 여행을 떠났을 때는 문득 '하루 종일 그 누구도 내 하루가 어땠는지 물어봐주지 않았어! 오스트레일리아에서는 적어도 세 명은 물어봐줬을 텐데'라는 생각을 하게 하고, 지하철역에서 인파를 밀치고 가는 사람들을 보면 '오스트레일리아에서는 절대 저런 일은 없었을 거야.'라고 생각하게 한다.

느릿느릿한 오스트레일리아 문화

한국과 오스트레일리아의 가장 큰 차이점은 아마 속도에 대한 사람들의 인식일 것이다. '빨리빨리' 문화로 잘 알려진 한국과 달리 오스트레일리아에서는 지나치다 싶을 정도의 느긋함이 만연해있다.

출근 시간에 오지 않는 버스를 하염없이 기다려도 화내는 사람이 없고, 레스토랑에서 주문하고 30분 넘게 음식이 나오지 않아도 느긋하기만 하다. 이사한 후 인터넷을 설치하거나 고장난 전자 기기를 수리하려면 최소 2주가 기본이다. 오히려 조급하고 빠르게 일하려는 사람에게 "뭐 하러 그렇게 서두르느냐."고 의아해한다.

한국인의 시각에서 본다면 답답할 수도 있지만 이는 누구나 여유로움을 갖고 일할 수 있게 한다. 전자 기기 수리 기사라면 빡빡하게 할당된 업무를 점심까지 걸러가며 하루에 다 처리할 필요가 없고, 음식점 종업원이라면 주문이 밀려 음식이 조금 오래 걸려도 손님이 화를 내지 않을까 전전긍긍하지 않아도 된다. 거리를 천천히 걸어도 슬쩍 밀치며 바삐 걷는 사람도 별로 없다. 진정한 느긋함과 여유로움을 즐길 줄 아는 사람들이라니 매력적이지 않은가?

오스트레일리아 사람에게 오스트레일리아만의 중요한 문화가 무엇이냐고 물어보면 아마도 '메이트십Mateship'이라고 할 것이다. 직역하면 *friendship*과 비슷한 '우정'이라고 생각하기 쉽지만 오스트레일리아 사람에게 메이트십은 우정뿐 아니라 모든 이가 평등하다는 '동료 의식'이다.

모든 사람은 동일하고 평등하다는 문화적 가치관은 사회 여러 면에서 찾아볼 수 있다. 오스트레일리아에서는 택시를 탈 때 뒷자리에 앉는 것은 실례가 되는 행동이며 조수석에 앉아야 한다. 코로나19 팬데믹 이전에는 오스트레일리아 수상 또한 리무진을 탈 때 기사 옆자리에 앉았다.

오스트레일리아에서 '메이트*mate*'는 '친구'라기보다는 '동지'에 가깝다. 서로에 대한 존경심을 표현할 수 있는 단어로 1차 세계 대전 때 전장에 나갔던 군인들이 서로를 '메이트'라고 표현하면서 오스트레일리아 사람들에게 종교처럼 중요한 가치가 되었다.

이민자 덕분에 다양해진 식생활

오스트레일리아 음식의 변화

오스트레일리아 역사를 생각해보면 오스트레일리아 음식이 영국 음식과 차이가 없는 것은 당연하다. 다만 2차 세계 대전 이후 그리스, 이탈리아, 터키, 레바논 등 다양한 국가에서 이민자가 들어오면서 오스트레일리아만의 음식이 생기기 시작했다.

식용유는 영국에서 쓰는 라드* 대신 유럽에서 쓰는 올리브 오일로 대체되었고, 동양 음식에 많이 쓰이는 마늘이나 카레 가루도 음식에 응용되기 시작했다. 또한 전에는 볼 수도 없었고

• 돼지비계를 정제하여 하얗게 굳힌 기름

음식에도 쓰이지 않았던 가지, 애호박, 토마토, 올리브, 피망 등의 야채를 시장에서 버젓이 구입할 수 있었다.

1800년대 중반에 일어났던 골드러시 이후 오스트레일리아 전역에 차이나타운이 생기면서 지금은 어디서든 중국 식당을 찾아볼 수 있다. 또한 지난 몇십 년간 이민자와 세계 여행을 하고 돌아온 사람이 많아지면서 다양한 나라의 음식을 접할 곳이 생겨나기 시작했다. 중국, 프랑스, 그리스, 인도, 인도네시아, 이탈리아, 일본, 한국, 말레이시아, 멕시코, 몽골, 스페인, 태국, 베트남 등의 음식은 이제 오스트레일리아에서 쉽게 찾을 수 있다. 인도, 중국, 태국, 한국 식당에 가면 매운 음식을 못 먹는 오스트레일리아 사람을 위한 덜 맵게 만든 현지 음식도 맛볼 수 있다.

바비큐

오스트레일리아는 축산업이 발달해있는 만큼 육식 위주의 음식이 많다. 특히 양고기가 인기가 많은데 큰 덩어리를 통째로 오븐에 넣어 요리하거나 바비큐로 먹는다. 오스트레일리아의 양고기 소비량은 수단과 카자흐스탄에 이어 세계 3위이다. 바비큐는 오스트레일리아 문화의 중요한 부분을 차지한다. 대부분의 공원에 동전만 넣으면 사용할 수 있는 바비큐 기계가 구비되어있을 정도다.

● 다양한 재료로 즐기는 바비큐

　오스트레일리아에서 흔히 볼 수 있는 캥거루, 악어, 이뮤 고기도 식용으로 판매되지만 요리하기가 어려워 식당에서는 찾아보기가 쉽지 않다. 이 고기들은 슈퍼마켓에서 스테이크, 소시지 등 여러 종류로 가공되어 판매되고 있다.

다양한 식성을 가진 사람들

　오스트레일리아 사람들은 아침 식사를 중요하게 생각한다. 아침 식사 메뉴로 가볍고 차가운 시리얼이나 요구르트를 선호하는 사람도 있지만 반대로 베이컨과 달걀, 소시지 등 든든하게 먹을

● **오스트레일리아식 아침 식사 메뉴**
(출처-Crisco 1492, CC BY-SA 4.0, via Wikimedia Commons)

수 있는 음식을 선호하는 사람도 있다.

음식점에 가면 메뉴판에 기본적으로 채식주의 표시와 무(無) 글루텐 표시가 있다. 글루텐은 밀가루, 보리, 귀리 등에서 흔히 볼 수 있는 식물성 단백질의 혼합물인데 오스트레일리아에는 글루텐을 섭취하면 심한 복통을 호소하는 사람이 꽤 있기 때문에 무 글루텐 메뉴가 따로 있다.

또한 지난 몇십 년간 채식주의도 부상하고 있어 대다수의 레스토랑 및 카페에서는 채식주의자를 위한 음식을 따로 마련하고 있다. 채식주의자도 흔하지만 치즈, 달걀, 꿀 등 아예 동물에서 나온 음식은 먹지 않는 비건*vegan*도 있기 때문에 그들을 위한 메뉴가 따로 있는 식당도 심심찮게 볼 수 있다.

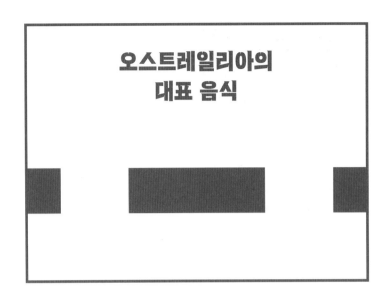

오스트레일리아의 대표 음식

베지마이트

오스트레일리아의 대표 음식이 무엇인지 물어보면 대부분 '베지마이트*vegemite*'라고 답할 것이다. 타지로 떠난 한국인들이 김치를 그리워하듯 오스트레일리아를 떠나 타지에서 사는 사람은 베지마이트를 그리워해서 가족이 국제 택배로 보내줄 정도다.

외부인들에게는 호불호가 갈리는 음식 중 하나인데 짙고 끈적끈적한 검정색 잼이라고 생각하면 된다. 효모로 만들며 맛은 색깔에서 연상되듯 흡사 짜장과 비슷한 짠맛이 난다. 오스트레일리아 사람들은 이것을 버터 바른 식빵에 얇게 발라먹는다.

● 베지마이트가 발린 빵(출처-Tristanb, CC BY 3.0, via Wikimedia Commons)

사회 초년생 때 오스트레일리아 사람들의 베지마이트 사랑을 몸소 느낀 적이 있다. 사건의 발단은 팀 동료들에게 "난 베지마이트를 싫어하고 내가 쓰는 책에 베지마이트는 호불호가 갈리는 음식이라고 적을 거야."라고 말한 것에서 시작되었다. 이 말을 들은 팀 동료들은 분노했고 "넌 오스트레일리아 사람이면서 어떻게 베지마이트를 싫어할 수 있느냐."며 베지마이트의 우수성에 대해서 몇십 분간 토론하게 되었다.

다음날 내 책상에는 고급 빵과 버터, 치즈, 베지마이트가 올려져 있었고, 베지마이트가 얼마나 맛있는지를 증명하겠다는 팀 동료들과 이 상황을 흥미롭게 지켜보는 다른 부서 사람들 앞에서 반강제로 베지마이트 바른 빵을 먹게 되었으나 안타깝게도 내 입맛에 베지마이트는 여전히 졸인 간장이나 짜장을 빵에 발라 먹는 맛이었다.

고기 파이

이름만 들어도 예상할 수
있듯 고기 파이는 간 소고기
를 그레이비 소스와 함께 패
스트리 안에 넣어서 구운 음
식이다. 안에 들어가는 재료
는 간 소고기가 대표적이지
만 스테이크로 대체되기도
하고 양파, 카레, 후추, 양송
이 등을 추가하기도 한다.

● 고기 파이(출처-Alpha, CC BY-SA 2.0, via Wikimedia Commons)

오스트레일리아 사람들은 1년에 평균 열두 개의 고기파이를
먹는데 주로 럭비와 같은 스포츠를 관람할 때 먹는다. 한두 입
에 먹을 수 있는 작은 사이즈의 고기 파이는 '파티 파이'라고도
하며 이름에서 알 수 있듯 파티에서 간단한 안주로 많이 나온
다. 고기 파이는 베지마이트와 함께 오스트레일리아 사람들이
자부심을 갖고 있는 음식 중 하나이다.

몇 년 전 크리스마스 파티에 간 적이 있는데 그곳에서 오븐
에서 갓 나온 파티 파이를 먹다가 안에 들어있던 뜨거운 고기
를 팔에 흘려 화상을 입은 적이 있다. 흉터 자국을 보고 어쩌
다가 화상을 입었는지 물어보는 사람들에게 이야기를 해주면
"앞으로 어떤 인종 차별주의자가 너 보고 오스트레일리아인이

맞냐고 물어보면 그 흉터를 보여주면서 고기 파이 먹다가 흉터까지 생긴 진정한 오스트레일리아 사람이라고 말하면 되겠네!"라는 우스갯소리를 하곤 했다.

흥미롭게도 오스트레일리아는 주마다 다른 파이 제조업자가 있는데 이는 파이 산업이 처음 발전하기 시작했을 당시 갓 만든 고기 파이를 다른 주로 배달하기에 냉장 기술이 충분히 발달하지 못했기 때문이라고 한다.

소시지롤

● 소세지롤(출처-Alpha, CC BY-SA 2.0, via Wikimedia Commons)

소시지롤은 영국에서 파생된 빵으로 소시지를 패스트리로 감싼 후 구운 음식이다. 한국의 핫도그와 비슷하지만 반죽 대신 패스트리를 구운 것이 다르다. 한국의 핫도그처럼 고속도로 휴게소나 편의점에서 흔히 찾아볼 수 있는 인기 메뉴이다.

치코롤

중국식 스프링롤에서 유래한 음식으로, 걸어다니면서 먹을 수 있는 대표적인 길거리 음식이다. 치코롤에는 양배추와 보리가 많이 들어가고 당근, 콩, 소고기, 샐러리, 양파도 들어있다. 재료를 모두 다

● 치코롤

져서 두꺼운 패스트리 반죽 안에 넣고 기름에 튀겨서 만든다.

오스트레일리아식 버거

오스트레일리아식 버거는 살짝 구운 빵에 소고기 패티, 토마토, 베이컨, 볶음 양파, 치즈, 양상추, 파인애플, 비트루트, 계란 프라이가 들어간다. 미국식 버거와 달리 피클이 들어가지 않고 케첩과 비슷하지만 설탕이 덜 들어간 묽은 토마토 소스가 들어간다.

● 스매시드 아보(출처-Katherine Lim, CC BY-SA 2.0, via Flickr)

전통적인 오스트레일리아 음식이라고 하기에는 애매하지만 밀레니얼 세대에게 오스트레일리아를 대표하는 음식은 무엇이냐고 물어보면 대답하는 음식 중 스매시드 아보카도가 꼭 끼여 있다. 오스트레일리아답게 줄여서 '스매시드 아보smashed avo'라고 부르며, 말 그대로 으깬 아보카도를 잼처럼 빵 위에 듬뿍 올려 후추를 뿌려 먹는 음식이다.

브런치 카페 단골 메뉴로 오스트레일리아가 아닌 다른 나라에서 영업하는 오스트레일리아 스타일 카페에서도 손쉽게 찾을 수 있는 메뉴이다. 아보카도뿐 아니라 훈제 연어, 페타 치즈 등도 같이 올려먹는다.

최근 한 부동산업자가 시사 프로그램에 나와 집값 상승으로 인해 집을 장만하지 못하는 오스트레일리아 2030 세대에 대해 말하면서 "내가 젊었을 때는 하나에 2만 원씩 하는 스매시드 아보는 먹지도 않았다. 요즘 젊은이들은 바라는 게 많다."라는 다소 꼰대스러운 발언을 하여 뭇매를 맞았다. 덕분에 오히려 스매시드 아보가 집을 사지 못하는 젊은이들의 소소한 사치의 상징으로 급부상하며 더욱 더 인기를 얻었다.

팀탐

팀탐은 심플하지만 오스트레일리아 사람들이 자랑스러워하는 과자이다. 1960년대부터 판매되었으며 초콜릿 비스킷 사이에 초콜릿 크림이 들어있고 비스킷 전체가 초콜릿으로 코팅되어있다. 초콜릿, 카라멜, 화

● **팀탐**(출처-Bilby, CC BY-SA 3.0, via Wikimedia Commons)

이트 초콜릿, 다크 초콜릿 등이 기본 종류이며 파인애플, 바나나와 크림, 럼주와 건포도 맛 등 한정판도 가끔 출시된다. 요즘은 한국에서도 찾아볼 수 있다.

오스트레일리아 사람들만의 팀탐 먹는 방법이 있는데 이를 '팀탐슬램'이라고 한다. 팀탐의 양쪽 끝부분을 먹고 남은 부분을 빨대처럼 이용해 차나 우유를 마시는 것이다. 이렇게 먹으면 음료가 초콜릿 맛이 되고 눅눅해진 팀탐을 한입에 먹으면 천국의 맛을 느낄 수 있다.

래밍톤

● 래밍톤(출처-Chuck Norris, CC BY-SA 3.0, via Wikimedia Commons)

래밍톤은 네모난 모양의 스펀지 케이크를 초콜릿 소스에 적신 후 코코넛 가루를 겉에 입힌 디저트로, 오래 되어 맛이 없어진 케이크를 처리하기 위해 만들어진 음식이다.

1900년대 즈음 퀸즐랜드에서 처음 만들어졌는데 당시 퀸즐랜드의 도지사였던 래밍톤 남작*Baron Lamington*의 이름을 붙였다고 알려져 있다.

대량으로 만들기 쉬운 음식이어서 마을이나 학교 단위로 하는 작은 벼룩시장에서 쉽게 찾아볼 수 있다. 회사나 학교에서 기금 마련을 위해 만들어 팔기도 한다.

앤작 비스킷

앤작 비스킷은 귀리, 밀가루, 버터, 코코넛, 설탕과 같은 기본적인 재료로 만들어진 딱딱한 과자로 달달하고 끈적하다. 재료 특정상 잘 상하지 않아서 오랜 기간 배로 운송해도 섭취하

● 앤잭 비스킷(출처-pfctdayelise, CC BY-SA
　　2.5, via Wikimedia Commons)
● 파블로바

는 데 문제가 없다. 덕분에 1차 세계 대전 당시 군인들의 군용
식량으로 보내졌다.

파블로바

　파블로바야말로 오스트레일리아의 대표적인 디저트라고 할
수 있다. 뉴질랜드 역시 파블로바의 원조라고 주장하고 있어서
이를 둘러싼 두 나라의 유머 섞인 신경전이 대단하다.

　1926년 오스트레일리아와 뉴질랜드를 여행했던 러시아의
유명한 안무가인 안나 파블로바*Anna Pavlova*의 이름을 딴 디저트
로, 달걀 흰자를 섞어 뻑뻑하게 만든 후 설탕, 레몬주스, 옥수
수가루, 바닐라 에센스 등을 첨가해 천천히 구우면 머랭과 비
슷한 식감을 가진 파블로바가 만들어진다. 겉은 바삭하고 안은

마시멜로처럼 촉촉하고 보송하며 위에 생크림, 키위, 패션프루
츠, 딸기 등을 올려서 먹는다.

위트빅스

● 위트빅스(출처-Stevage, CC BY-SA 4.0, via Wikimedia Commons)

위트빅스는 식이 섬유가 풍부하고 당이 낮은 아침용 시리얼 비스킷으로 스마트폰 정도의 크기이다. 아무리 우유와 같이 먹는다 해도 위트빅스만 넣으면 뻑뻑하고 건조하기 때문에 기호에 따라 바나나와 딸기 혹은 꿀을 첨가해서 먹는다. 한국에서는 초밥 접시 수로 먹성을 판단한다면 오스트레일리아에서는 위트빅스의 개수로 한 사람의 먹성을 판단한다.

머스크 스틱

머스크 스틱은 핑크색 막대 사탕으로 꽃향기가 나는데 이 향

기가 머스크 향와 같다고 해서 이름이 붙었다. 맛은 꽃향기가 나는 양초를 먹는 느낌이다. 식감은 분필과 비슷하기 때문에 사람에 따라 호불호가 갈린다.

● 머스크 스틱

요정빵

요정빵은 식빵에 마가린 혹은 버터를 바른 뒤 스프링클을 뿌리고 삼각형 모양으로 네 등분한 음식이다. 아이들 생일파티에서 흔히 볼 수 있는데 1920년대부터 먹었다고 한다. 요정빵은 달달하고 부드러운 맛으로 중독성이 강하다.

● 요정빵

오스트레일리아 문화가 된
와인과 커피

와인

오스트레일리아의 기후는 와인용 포도를 생산하는 데 최적화되어있다. 모든 주에서 와인을 생산하고 있지만 각 주의 기후나 지형에 따라 생산하는 와인의 종류가 다르기 때문에 오스트레일리아는 레드 와인부터 화이트 와인까지 모든 종류의 와인이 생산되는 전 세계에 몇 안 되는 나라라고 할 수 있다. 오스트레일리아에는 1,300곳이 넘는 와인용 포도 농장이 있다.

오스트레일리아가 주요 와인 생산국이 된 배경은 이민과 관련이 있다. 2차 세계 대전이 끝난 후 유럽에서 많은 전쟁 난민이 이민을 오면서 유럽 고유의 와인 생산 기술이 함께 들어온 것이다. 오늘날 와인은 오스트레일리아 식문화에 중요한 위치를 차지하게 되었으며 저녁 식사를 하면서 와인을 곁들이는 건 흔한 일이 되었다.

오스트레일리아 와인은 100개가 넘는 나라에 수출되는데 그 중에서도 오스트레일리아산 와인을 가장 많이 수입하는 나라는 영국이다. 영국은 와인의 본고장인 프랑스에서보다 오스트레일리아에서 더 많은 와인을 수입한다고 한다.

커피

오스트레일리아의 커피 문화는 세계에서 가장 특색 있게 발전된 문화 중 하나이다. 20세기 초반 전쟁으로 나라를 떠난 이탈리아와 그리스 이민자들이 오스트레일리아에 정착했다. 이들의 영향으로 오스트레일리아에는 유럽풍의 개인 카페가 생겨났다. 시드니와 맬버른에는 1910년부터 로스팅을 직접 하는 카페가 생겨났고, 1952년에는 신기술이었던 에스프레소 머신을 도입한 이탈리안 커피 전문점이 생겼다.

덕분에 현재 오스트레일리아는 스타벅스와 같은 세계 유명 카페 체인점이 흥행하지 못하고 있다. 미국과 아시아 국가들과는 달리 오스트레일리아에서는 이와 같은 고유의 커피 문화가 존재했기 때문이다. 심지어 1차 세계 대전 때는 오스트레일리

● 마가렛 리버의 와이너리(출처-Lasthib, CC BY-SA 4.0, via Wikimedia Commons)

● 오스트레일리아 카페

아 군인들이 이집트에 연방군용 커피 및 찻집을 차렸을 정도였다니 100년이 넘는 시간 동안 커피는 오스트레일리아 사람에게 중요한 의미를 차지하고 있는 것이 틀림없다.

웬만한 오스트레일리아 카페에는 기본적으로 다섯 가지 종류의 우유가 구비되어있는데 풀크림(기본 우유), 저지방, 두유, 무유당, 아몬드 혹은 오트 우유이다. 저지방 우유가 들어간 커피를 주문하고 싶을 때는 원하는 커피 앞에 'skinny(날씬한)'라고 말하면 된다. 예를 들어 "스키니 카푸치노 주세요."라고 주문하면 저지방 우유로 만든 카푸치노를 마실 수 있다. 나는 아몬드 우유를 좋아하는데 아몬드 가루를 물에 섞은 음료인 아몬드 우유를 넣으면 고소하고 특색 있는 커피를 맛볼 수 있다.

오스트레일리아
원주민 문화

오스트레일리아 원주민은 두 부류가 있다. 첫 번째 부류는 '애
보리지날*Aboriginal*'이라고 불리는 이들이다. 이들은 오스트레일
리아 본토와 태즈메이니아주에 거주하는 원주민인데 애보리
지날은 라틴어로 '한곳에 있는'이라는 뜻의 단어에 어원이 있
다. 두 번째 부류는 퀸즐랜드 위쪽 토레스 해협에서 온 '토레
스 해협 주민*Torres Strait Islander*'이다. 이들은 토레스 해협에 있는
30여 개의 섬 중 하나가 고향인 사람들이다. 오스트레일리아
정부에서도 원주민을 칭할 때 '애보리지날과 토레스 해협 주
민' 혹은 '토종 오스트레일리아인'으로 표기한다. 하지만 이러
한 표기법 역시 서양의 시각에서 만들어진 것이다.

원주민 스스로 자신을 표현할 때는 여러 가지를 쓴다. 해안

쪽에 거주하는 원주민은 '소금물 사람들Saltwater People', 뉴사우스
웨일즈주에 거주하는 원주민은 '쿠리스Kooris', 퀸즐랜드주에 거
주하는 원주민은 '무리스Murris'라고 스스로를 부른다.

오스트레일리아 원주민의 신앙

역사적으로 그래왔듯 오스트레일리아 원주민에게도 세상
과 우주의 창조에 대한 신앙이 있었다. 이 신앙을 '꿈의 시대
Dreamtime'라고 부르는데 원주민은 꿈의 시대 당시 조상의 혼이
땅과 바다와 동물과 인간을 포함한 모든 자연을 창조했다고 믿
었다. 조상의 혼은 창조를 끝낸 후 나무와 별, 돌 등 자연의 한
부분으로 둔갑했다고 생각했다.

원주민은 조상의 혼이 떠나지 않고 자연에 남아있다고 믿었
기 때문에 자연을 신성하게 여겼다. 땅과 그 땅에 존재하는 식
물과 동물 하나하나를 조상처럼 여기며 의미를 두었기 때문에
원주민 개개인과 그들이 살았던 땅 사이에는 깊은 유대감이 있
었다. 서양인의 관점에서는 이해하기 어려웠지만 원주민들은
자연의 모든 것은 조화롭게 존재하며 자연의 섭리를 거스르지
않는 것을 중요시했다.

원주민은 한 사람의 선조와 이어져 있는 동물, 식물 혹은 다
른 물체인 '토템totem'을 물려받는다. 즉 본인의 토템에서 자신

이 유래한다고 믿었기 때문에 본인의 토템에 해당하는 동물(예를 들어 캥거루)을 먹지 않는다든가 자신의 토템인 자연(예를 들어 강)의 한 부분을 보호하기도 했다.

이러한 생각은 꿈의 시대라고 불리는 이야기와 전설을 통해 구전으로 전해져 내려왔다. 오스트레일리아 원주민은 문자가 없었기 때문에 전설은 오로지 말로만 계승되었다. 꿈의 시대 이야기는 마치 어린아이에게 들려주는 이야기인 듯 보이지만 원주민 사회의 규칙, 율법, 도리, 역사, 문화 등을 대대로 전하는 역할을 했으며 이 이야기는 저녁에 모닥불을 두고 둥글게 모여서 혹은 문화적 의식을 할 때 전해졌다.

이야기에는 여러 자연 경관이 어떻게 만들어졌는지, 동물이 왜 그러한 생김새를 가지게 되었는지, 어디서 식량을 구할 수 있고, 어떻게 식수를 찾는지에 대한 내용이 담겨있다. 또한 위험한 괴물이나 악마가 물웅덩이나 어두운 곳에 숨어있다는 이야기를 통해 아이들이 물웅덩이를 더럽히거나 어두운 곳에서 길을 잃지 않도록 교육하는 역할을 하기도 했다.

교육과 전통 계승을 위한 원주민의 예술

현대 사회에서 예술은 어떤 의미일까? 보통은 예술품을 훼손시키지 않고 보존시키며 모으는 것에 중점을 둔다. 하지만 오

● 암면 미술(출처-John Benwell, CC BY-ND 2.0, via Flickr)

스트레일리아 원주민에게 예술의 의미는 그 이상이었다.

문자가 없었던 원주민들은 예술을 통해 후손에게 배움과 지혜를 물려주었다. 예술품을 만들어내는 과정에서 규율, 율법, 권리, 의무부터 여러 문화 의식은 어떻게 행하는지를 가르쳤다. 그런 연유로 예술품 자체보다 예술품을 만들어내는 과정에 더 큰 의미를 두었다. 일상생활과 예술 창작이 시작되는 시점이 명확하게 구분이 안 될 만큼 끊임없이 예술품을 만들어냈기 때문에 예술 작품을 보존시키고 훼손시키지 않는 데 큰 의미를 두지 않았으며 예술품을 소장해야 한다는 필요성 또한 없었다.

예술품은 공동 작업으로 만들 때가 많았는데 모래 위에 글씨를 쓰는 것처럼 영원히 남을 수 없는 매체로 예술품을 만들 때도 있었고, 나무껍질 위에 그린 그림을 보존하지 않고 그저 썩게 방치하거나 의식의 일부로써 고의로 파괴할 때도 있었다.

그나마 남아있는 원주민의 예술 작품 중 대표적인 것으로 암석 위에 그려진 그림인 암면 미술이 있다. 하지만 이마저도 채굴업, 반달리즘*, 환경 파괴 등으로 훼손된 곳이 많다. 2020년에는 오스트레일리아에서 가장 큰 기업 중 하나인 리오 틴토*Rio Tinto*가 새로운 광산을 짓기 위해 최소 4만 7,000년이 된 암면 미술 현장을 폭파시켜서 전 국민적 질타를 받았다.

무지개 뱀*Rainbow Serpent* 이야기

원주민 전설 중 거의 모든 민족 집단에게 공통적으로 전해 내려온 '무지개 뱀'에 관한 이야기가 있다. 무지개 뱀은 땅과 인간들의 지킴이이자 모든 삶의 원천지로 여겨진다.

세상이 창조되기 전 무지개 뱀은 땅 밑에서 모든 동물을 뱃속에 품고 기다렸다. 시간이 되자 무지개 뱀은 땅 밖으로 솟아오르며 동물을 뱉어내어 산과 언덕을 만들었으며 땅 위에 물을 뿌려서 호수와 강을 만들었다고 한다.

• 문화나 예술을 파괴하려는 경향. 455년경 유럽의 민족 대이동 때 반달족이 로마를 점령하여 광포한 약탈과 파괴 행위를 했다는 데서 유래한다.

원주민의 조건

현재 오스트레일리아에서는 100퍼센트 원주민 혈통이 아니어도 자신이 원주민으로 불리기를 원하는 사람이 많다. 오스트레일리아 정부 차원에서 정해놓은 원주민의 조건은 다음과 같으며 세 조건 모두 충족되어야 법적으로 원주민으로 분류된다.

1. 원주민 혈통일 것. 100퍼센트 원주민 혈통일 필요는 없으며 몇 퍼센트가 원주민인지는 중요하지 않다. 다른 인종의 피가 많이 섞였더라도 원주민의 문화를 중요시하고 원주민 공동체의 일원으로 활동하고 있다면 인정받을 수 있다. 원주민 문화에서는 "나는 원주민이다."라고 표현하지 "나는 원주민 혼혈이다" 혹은 "나는 반(半) 원주민이다"라고 표현하지 않는다.

2. 스스로 원주민 혈통으로 인지할 것. 아무리 생물학적으로 원주민 혈통이라고 해도 본인이 스스로 원주민이라고 생각하지 않는다면 원주민으로 분류되지 않는다.

3. 원주민 공동체에 의해 원주민으로 인정될 것. 이는 따로 지정된 특정한 원주민 공동체가 아닌 그 사람이 속한 마을 단위 공동체를 말한다.

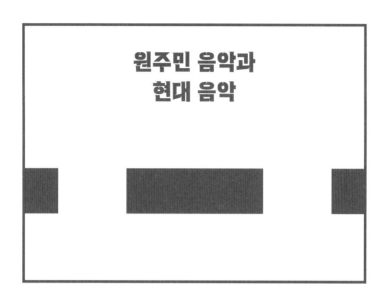

원주민 음악과 현대 음악

원주민의 음악 세계

오스트레일리아의 예술 세계가 그렇듯 오스트레일리아의 음악은 원주민의 음악과 원주민의 음악이 아닌 음악으로 구분된다. 원주민의 음악은 '성(聖)스럽거나 비밀의 음악', '반(半) 성스러운 음악', '성스럽지 않은 음악'으로 나뉜다.

성스럽거나 비밀의 음악은 성스럽거나 비밀스러운 의식에서만 연주되는 음악으로 연주할 수 있는 장소가 한정되어있다. 이 분류에 속하는 몇몇 곡은 성별 제한이 있어서 남성과 여성 중 한 성별만 연주할 수 있거나 들을 수 있다. 반 성스러운 음악은 일부분만 연주하는 것이 불가능하고 반드시 노래 전체가 연주되어야 하며 지정된 장소에서만 연주할 수 있다. 남성이 노래를 부르고 노래에 맞춰 여성이 춤을 추는 게 일반적이다. 성스럽지 않은 음악은 누구나 언제 어디서나 연주할 수 있으며 보통 여성이 노래를 부르고 노래에 맞춰 남성이 춤을 춘다.

원주민의 악기

원주민은 주로 일상에서 흔히 찾아볼 수 있는 재료로 악기를 만들었다. 대표적인 원주민 악기는 다음과 같다.

디저리두 *didgeridoo*

전 세계에서 가장 오래된 악기 중 하나로 알려진 디저리두•는 약 1,500년 전부터 연주되었다. 전통적으로 남자만 연주하며 여자는 디저리두를 만지는 것조차 금기시된다.

디저리두의 연주 방법은 입을 마우스피스에 붙인 상태로 끊임없이 진동하여 낮은 음의 소리를 만들어낸다. 숙련된 연주자는 순환 호흡을 사용하여 입으로 악기를 부는 것과 동시에 코로 숨을 쉬기 때문에 소리에 끊김이 없으며 곡 중간 중간에 혀

• 오스트레일리아에는 수백 가지의 원주민 언어가 있기 때문에 다른 원주민 언어로 디저리두는 이다키, 이라카, 커머, 파암푸, 밤부, 팜푸, 간박 등으로 불린다.

● 디저리두를 연주하는 원주민(출처-Aaron Jacobs, CC BY-SA 2.0, via Flickr)

를 튕기거나 볼을 두드리는 형태로 악센트를 주면서 연주한다. 디저리두를 연주하기 위해서는 큰 폐활량은 물론 많은 연습이 필요하다.

디저리두는 흰개미로 인해 속이 빈 큰 나뭇가지로 만든다. 이런 나뭇가지를 찾기 위해서는 해당 지역과 흰개미의 행동 패턴에 대한 지식이 필요하다. 여러 나무를 두드려보며 디저리두를 만드는 데 적합한 나무를 찾는다. 적당한 나무를 찾으면 가지를 약 1~3미터 정도 길이*로 베어 세척한 후 나무껍질을 떼어내고 외부의 형태를 조각하고 밀랍으로 마우스피스를 만든다.

---

* 나뭇가지가 길면 길수록 더 낮은 음이 나온다.

● 클랩스틱을 연주하는 사람들(출처-Michael Coghlan, CC BY-SA 2.0, via Flickr)

현대 사회에서 디저리두는 나무를 포함해 유리, 철, 점토, 합성 수지, 탄소 섬유 등 다양한 물질로 만들어지고 있는데 이는 전통적인 방식을 고수하는 원주민 사회에 큰 파장을 불러일으켰다.

클랩스틱

한 뼘 정도 되는 크기의 나무 조각 두 개를 사용하는 타악기다. 둘 중 큰 나무 조각 하나를 수평으로 들고 작은 나무 조각으로 큰 나무 조각을 두드려 소리를 낸다. 클랩스틱의 용도에 따라 색깔이 입혀져 있거나 장식되어있으며 보통 디저리두 같은 다른 악기와 합주할 때 리듬을 맞추는 용도로 사용된다. 악기로 사용되지 않을 때는 땅을 파는 데 사용하기도 한다. 초등 교

육 과정에 포함되어있는 경우가 많다. 나 또한 초등학교 때 클
랩스틱으로 합주했던 경험이 있다.

유칼립투스 나뭇잎

유칼립투스 나뭇잎은 단순해보이지만 숙련되지 않은 사람
은 아무 소리도 내지 못할 정도로 까다로운 악기이다. 나뭇잎
을 입술 사이에 밀봉하고 불어서 소리를 낼 수도 있고 나뭇잎
을 입에 문 상태에서 휘파람을 불거나 흥얼거리면 색다른 소
리를 낼 수도 있다.

숙련된 연주자는 유칼립투스 나뭇잎으로 소프라노 색소폰
이나 플루트 같은 음색을 표현할 수 있다. 원주민이 어떻게 유
칼립투스 나뭇잎으로 연주하게 되었는지에 대해서는 여러 의
견이 있는데 야생 새를 유인하기 위한 미끼로 처음 사용했다는
견해가 지배적이다.

불로어러 *Bullroarer*

나무 조각을 묶은 끈을 빙빙 돌려 낮은 진동음을 내는 악기
이다. 의식을 시작하기 전 사람을 불러 모으는 용도로 많이 쓰
였다.

현대 오스트레일리아의 음악

원주민 음악이 아닌 오스트레일리아 음악에서는 록 음악이 빠질 수 없다. 1970년대 헤비메탈 록의 대부인 AC/DC가 오스트레일리아 출신이다. 이들은 오스트레일리아의 대중적인 술집인 펍_pub_•과 여러 클럽에서 공연하며 경력을 쌓았다.

이밖에 오스트레일리아 출신인 유명 가수로 팝과 디스코 음악으로 1960~1970년대를 사로잡았던 비지스_Bee Gees_, 1978년 뮤지컬 영화 〈그리스_Grease_〉로 잘 알려진 올리비아 뉴튼 존_Olivia Newton-John_ 그리고 2000년대 가장 성공한 팝 싱글 중 하나인 〈_Can't get you out of my head_〉를 부른 카일리 미노그_Kylie Minogue_를 들 수 있다. 요즘 활동하는 가수 중에는 한국에서도 대중적인 인기를 끈 〈_Dance Monkey_〉의 톤즈앤아이_Tones and I_와 유튜브로 유명세를 떨친 트로이 시반_Troye Sivan_이 있다.

• 영국이 원조인 술집으로 여러 술을 취급하지만 맥주를 가장 많이 팔며 안주 위주의 음식을 파는 바와 달리 스테이크, 파이, 피쉬앤칩 등 제대로 된 식사를 할 수있다.

오스트레일리아 문화를 체험할 수 있는 축제

로얄쇼 *Royal Shows*

시드니, 멜버른, 브리즈번, 애들레이드, 퍼스, 다윈, 론서스턴 등 오스트레일리아 모든 주요 도시에서 매년 열리는 로얄쇼는 이름과는 달리 왕실과 밀접한 관계가 없으며 그저 빅토리아 여왕이 '로얄'이라는 단어를 사용하는 것을 허락했기 때문에 그렇게 명명되었다.

로얄쇼는 축산업이 주요 산업인 오스트레일리아답게 축산업과 농업의 발전을 도모하고 기념하기 위해 1800년대에 시작되었으며 각 도시에서 매년 가장 많은 사람이 모이는 축제이다.

시드니에서는 80만 명, 멜버른에서는 50만 명, 브리즈번에서는 40만 명의 사람이 모인다. 축산업 및 농업 종사자가 모든 로얄쇼에 참여할 수 있도록 도시마다 로얄쇼의 날짜가 다르다. 다윈과 같은 비교적 작은 도시에서는 3일 동안 열리지만 시드니와 같은 큰 도시에서는 12일간 열린다.

동물 퍼레이드, 장작 패기 대회나 양털 깎기 대회 같은 여러 농업 및 축산업 관련 대회, 승마 스포츠 대회 등은 물론이고 여러 놀이 기구와 레이저총 쏘기, 공 던져서 맞추기 같은 오락실 게임도 마련되어있다. 매일 밤 불꽃놀이로 축제가 마무리된다.

'에카'라고 불리는 퀸즐랜드 로얄쇼에서는 매년 '제일 무거운 호박 대회'가 개최되는데 현재 기록은 261.5킬로그램짜리 호박을 키워낸 제프 프로롤프*Geoff Frohloff*가 갖고 있다. 이밖에도 최상의 품질을 지닌 농산물과 축산에 관련한 여러 대회가 개최되고 있다.

로얄쇼는 축산업과 농업 위주의 축제인데도 남녀노소 모두가 즐길 수 있는 축제로 10대 20대 커플들도 데이트를 즐길 정도로 대중화되었다. 로얄쇼 방문을 장려하기 위해 각 도시마다 로얄쇼 날짜에 맞추어 공휴일이 하루 주어진다.

로얄쇼의 명물은 수백 가지 종류의 '쇼백'인데 가격은 1달러부터 200달러까지 천차만별이고, 쇼백마다 정해진 테마에 맞는 여러 가지 물건이나 간식이 들어있다. 소비자 입장에서는 물건을 따로따로 구입하는 것보다 저렴한 가격으로 여러 제품을 사용해볼 수 있다는 장점이 있고 기업은 마케팅 효과를 노리고

● 1940년대의 로얄쇼

● 현재의 로얄쇼(출처-Kerry Raymond, CC BY 4.0, via Wikimedia Commons)

● 쇼백(출처-Commander Keane, CC BY-SA 3.0, via Wikimedia Commons)

쇼백을 판매한다. 쇼백의 원조는 처음 로얄쇼가 개최되었을 때 모든 방문자에게 공짜로 석탄을 한 봉지씩 나누어주었던 데서 비롯되었다고 한다.

시드니 마디 그라 _Sydney Mardi Gras_

시드니 마디 그라는 세계에서 가장 큰 성소수자 페스티벌 중 하나로 매년 약 3,000만 달러의 수익이 발생된다고 한다. 처음 시작되었던 1978년에는 동성애가 불법이었기 때문에 참가자가 체포되기도 하는 등 다소 험악한 분위기였지만 현재는 50만

● 시드니 마디 그라

명이 넘는 남녀노소와 이분법적인 성별에 속하지 않는 사람들까지 참석하면서 다양한 사랑의 형태와 성별을 존중하는 축제가 되었다. 퍼레이드와 행진은 물론 학문적 토론회와 영화제까지 다양한 볼거리가 있다. 시드니 마디 그라는 오스트레일리아에서 가장 큰 축제 중 하나로 자리 잡았다.

멜버른 국제 코미디 페스티벌 _Melbourne International Comedy Festival_

1980년대에 시작되어 매년 3~4월에 개최되며 전 세계 내노라하는 코미디언이 모이는 자리로 세계에서 세 번째로 큰 코미디 페스티벌이다. 1995년부터 모든 수익금을 자선 단체에 기부하고 있다.

한 달간 진행되는 페스티벌 기간 동안 400개가 넘는 공개 코미디 공연이 이루어지는데 이 중 가장 유명한 코너는 〈엄청난 토론 _The Great Debate_〉이라고 하는 코미디 토론 대회다. TV로도 방영되는 이 토론 대회의 역대 토론 주제를 보자면 '1등 하는 게 최고다', '지구는 종말을 맞이하였다', '소셜 미디어는 반사회적이다' 등이 있다. 세계적으로 유명한 코미디언으로 구성된 찬성 팀 세 명과 반대 팀 세 명이 사회 비판적일 수도 있는 내용을 익살스럽게 토론한다.

로라 퀸칸 댄스 페스티벌*Laura Dance Festival*

2년에 한 번씩 열리는 로라 퀸칸 댄스 페스티벌은 1980년대 초반부터 현재까지 이어지는 축제로, 현대 사회에서 열리는 원주민 축제 중 가장 오래된 축제로 알려져 있다. 3일 동안 열리는 이 축제에 퀸즐랜드주 최북방인 케이프 요크 소재의 20개가 넘는 원주민 무용단들이 모여서 춤과 노래 를 공연한다.

축제가 열리는 장소인 로라는 퀸즐랜드 관광지 중 하나인 케언즈에서 차로 약 4시간 떨어져있는 곳이다. 로라에 위치한 보라에서 페스티벌이 열리는데 보라는 원주민 사회에서 중요한 의식이 치뤄지는 장소를 일컫는 단어로 로라에만 보라가 여러 개 있다고 한다.

설날*Lunar New Year*

다문화 사회인 오스트레일리아답게 도시마다 차이나타운을

중심으로 동양의 문화인 설날 관련 축제가 열린다. 동양의 나라마다 설날을 기념하는 방식이 다르기 때문에 하나의 축제에서 여러 문화를 경험해볼 수 있다는 장점이 있다. 이날은 설날을 기념하는 것뿐 아니라 동양 문화 자체에 관한 축제이다. 베트남등이 밝게 비추는 길목의 간이 푸드트럭에서 한국의 떡국을 먹으며 중국의 사자춤을 보고 대만식 버블티로 입가심을 할 수 있는 매력이 있다.

오스트레일리아를 대표하는 이미지, 유쾌한 앤작

오스트레일리아와 뉴질랜드 연합군

1900년대 초 오스트레일리아는 국가로 인정받았지만 국제 사회에서는 별다른 영향력을 끼치지 못했다. 코맹맹이 소리로 영어를 하며 특이한 단어를 쓰는 느긋한 성향의 오스트레일리아인을 진지하게 받아들이지 않은 것이다.

1차 세계 대전이 발발하자 오스트레일리아에서는 지금 영국을 도우면 나중에 도움이 필요할 때 영국이 나서줄 거라고 생각했다. 전쟁에 대한 두려움보다 흥미와 모험심에 자극된 오스트레일리아의 젊은이들은 너나 할 것 없이 전쟁에 지원했다.

이렇게 군인이 된 오스트레일리아 청년들은 유럽에서 독일군과 싸우는 줄 알았지만 독일의 연맹국인 터키를 상대해야 했다. 1915년 4월 오스트레일리아군은 뉴질랜드군과 함께 터키 해안에 있는 갈리폴리에 상륙했는데 이들을 통칭하는 명칭이 바로 '앤작*ANZAC, Australian and New Zealand Army Corps*'이다.

패배에도 유머를 잃지 않는 앤작군

갈리폴리에 상륙하자마자 앤작군은 일방적으로 공격당했는데 영국

● 1915년 갈리폴리 전투에서 대포를 운반하는 오스트레일리아 군인들

● 열세였던 갈리폴리 전투

해군의 실수로 평지가 아닌 급경사가 진 언덕 아래에 상륙했기 때문이었다. 언덕 위에 있던 터키군은 이들을 향해 발포하기 시작했고 그 결과 첫 날부터 사상사가 많이 생겼다.

길고 잔인한 전투가 9개월 동안 계속되었다. 전투 내내 터키군은 앤작군보다 우세했고, 앤작군은 식수를 구할 수도 없어서 배로 운송된 식수용 물을 목숨 걸고 운반해야 했다. 그럴 때마다 앤작군을 향해 터키군의 발포가 쏟아졌다.

이러한 상황에서도 앤작군은 불평 대신 자신의 처지를 풍자하면서 우스갯소리를 하곤 했다. 앤작군을 지켜본 한 영국 군인의 말을 빌리자면 그들은 언제나 쾌활했으며 농담을 주고받았고 항상 웃으며 노래 부르는 모습이었다고 한다.

8개월 후 영국 정부는 갈리폴리 전투를 '완벽한 실패'라고 결론 내리고 군대를 철수했다. 패배한 전투의 고통과 참혹함 속에서도 웃음을 잃지 않았던 앤작군의 모습은 오스트레일리아 전체를 대표하는 이미지로 자리 잡았고 이를 통해 오스트레일리아라는 나라를 전 세계에 알리는 계기가 되었다.

함께 생각하고 토론하기

다양한 국적의 이민자를 받아들인 오스트레일리아 정부는 처음에는 동화 정책을 통해 이민자가 최대한 빠른 기간 내 영어를 배우고 오스트레일리아인처럼 행동하고 생각하기를 요구했습니다. 그러나 1980년대 말부터는 다양한 문화의 공존을 중요시하는 다문화 정책을 공표했습니다.

● 오스트레일리아에서 이민자를 받아들일 때 사용한 동화 정책과 다문화 정책의 장단점에 대해서 토론해봅시다.

5부

여기를 가면 오스트레일리아가 보인다

인생은 원래 그런 것이다.

– 네드 켈리 *Ned Kelly*

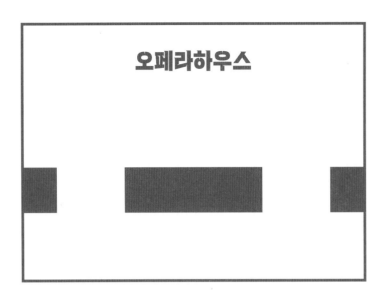

오페라하우스

시드니에 위치해있는 오페라하우스는 오스트레일리아를 대표하는 건축물이 되기까지 16년이라는 시간이 걸렸으며 완공되기까지의 과정도 수월하지 않았다. 이번에는 다사다난했던 오페라하우스의 설립 과정에 대해 살펴보려 한다.

오렌지 껍질에서 시작된 디자인

1952년 뉴사우스웨일즈주지사였던 조 카힐*Joe Cahill*은 시드니를 세계적인 도시로 만들기 위해 오페라하우스를 짓기로 결정했다. 1956년 1월 뉴사우스웨일즈주 정부는 새로운 오페라하우스 디자인을 위한 국제 공모전을 열었다. 32개국에서 220건이 넘는 디자인이 출품된 덕분에 심사하는 데만 해도 오랜 시간이 걸렸다.

1957년 드디어 최종 디자인이 결정되었는데 우승작의 주인공은 덴마크 태생의 건축가 이외른 웃손*Jørn Utzon*이었다. 그는 오렌지 껍질을 벗기던 중 오페라하우스 디자인의 영감이 떠올랐다고 한다. 이외른 웃손은 오페라하우스가 지어질 장소인 베넬롱 포인트를 자세히 관찰한 후 주위 지형과 어우러지도록 건물을 디자인하고자 했다. 그 결과 마치 요트의 돛과 같은 현재의 오페라하우스 디자인이 완성되었다.

정부와 이외른 웃손과의 갈등

1957년 9월 뉴사우스웨일즈주 정부는 오페라하우스 설립 비용을 마련하기 위해 '오페라하우스 로또'를 발행했고, 그 결과 16년 동안 1,000만 달러의 기금을 마련할 수 있었다.

하지만 이외른 웃손의 디자인을 실행시키는 것은 현실적으로 매우 힘든 일이었다. 오페라하우스 디자인의 핵심 포인트는 돛 모양의 지붕인데 이를 건설하는 방법을 계산하는 데만 4년이 걸렸다. 과감하고 독창적인 이외른 웃손의 설계는 파격적이고 새로운 기술을 찾아야만 실현시킬 수 있었다. 그로 인해 프로젝트의 비용은 계속 증가했고 국민은 주 정부에 압박을 가하기 시작했다.

늘어나는 프로젝트 비용과 인테리어 디자인에 대한 충돌로 1965년부터 뉴사우스웨일즈주 정부와 이외른 웃손의 갈등은 고조되었다. 1966년 주 정부는 이외른 웃손의 급여를 일방적으로 지급하지 않았고 갈등은 최고조에 이르렀다. 그 결과 1966년 2월 이외른 웃손은 건물 내부의 하단과 거의 완성된 지붕의 뼈대만 남겨놓고 사퇴해버렸다.

30년 만에 제 모습을 찾은 오페라하우스

결국 정부는 새로운 건축가들에게 오페라하우스 시공을 맡길 수밖에 없었고 원래 1,840만 달러였던 예산은 1억 200만 달러로 늘어나 있었다. 새로운 건축가들이 투입되어 공사가 진행된 오페라하우스는 외부 디자인은 바뀌지 않았으나 내부 인테리어는 원래의 디자인을 구현해내지 못한 채 1973년이 되어서야 완공되었다.

오페라하우스가 완공된 지 30년이 지난 1999년 이외른 웃손과 뉴사우스웨일즈주 정부는 드디어 화해했고, 그 후 이외른 웃손은 다른 건축가들과의 협업을 통해 오페라하우스를 그가 디자인했던 원래의 모습으로 되살리고자 노력했다.

● 오페라하우스

1,000개 이상의 방을 갖고 있는 오페라하우스는 2005년에는 오스트레일리아 국가 문화유산으로, 2007년에는 유네스코 세계 문화유산으로 등재되었다.

매년 3,000여 개의 행사가 열리고 20만 명이 방문하며 200만 명의 관객이 공연을 관람하는 오페라하우스는 명실상부한 오스트레일리아의 상징물이다.

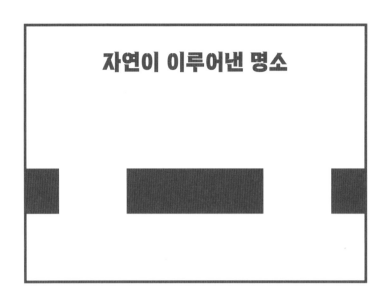

자연이 이루어낸 명소

그레이트배리어리프 *Great Barrier Reef*

세계 최대의 산호초 지대로 약 2,600킬로미터에 약 2,900개의 암초와 900여 개의 섬으로 이루어져 있다. 크기는 영국, 네덜란드, 스위스를 합친 것과 같으며 규모와 산호초 특유의 색깔 덕분에 지구 밖에서도 보인다고 한다.

1981년 유네스코 세계 자연유산으로 지정된 이곳에는 400종이 넘는 산호가 서식하고 있다. 또한 1,500종이 넘는 열대어와 200종이 넘는 조류, 20여 종의 파충류를 찾아볼 수 있다. 듀공과 바다거북 등 멸종 위기종도 이곳에서 살고 있다.

오스트레일리아 정부는 1년에 200만 명의 관광객이 방문하는 그레이트배리어리프를 통해 약 50억~60억 달러의 수입을 벌어들이고, 관광객은 이곳에서 스노클링, 스쿠버다이빙, 고래 보기, 돌고래와 수영하기 등을 즐길 수 있다.

하지만 안타깝게도 기후 변화로 인해 바다 기온이 올라가면서 이곳 또한 많은 피해를 입고 있다. 따뜻한 물의 온도에 적응하지 못한 산호가 서서히 표백되어 점점 산호초 특유의 색깔을 잃어가고 있으며 늘어난 관광객 수 또한 이곳의 자연환경에 부정적인 영향을 미치고 있다. 혹시라도 그레이트배리어리프를 방문하면 산호는 만지지도 말고 쓰레기도 버리지 않고 자연 친화적인 선크림만을 발라 환경을 보호하도록 하자.

블루 마운틴 공립 공원

푸른빛의 골짜기, 열대 우림과 폭포가 어우러진 자연을 감상할 수 있는 블루 마운틴 공립 공원은 2000년에 유네스코 세계 자연유산으로 지정되었다. 블루 마운틴은 미국 그랜드 캐니언보다 오랜 역사를 지니고 있으며 100종이 넘는 유칼립투스 나무와 100종 이상의 조류를 포함해 다양한 동식물을 관찰할 수 있다. 스릴을 즐기는 사람에게는 더할 나위 없이 좋은 장소로 산악자전거 타기, 동굴 탐험, 암벽 등반, 카누 타기 등 다양한 체험을 할 수 있다.

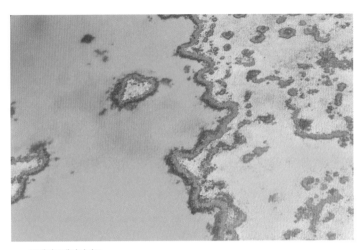

● 그레이트배리어리프

● 블루 마운틴

골드코스트

57킬로미터의 해변이 이어지는 골드코스트는 고운 모래와 에메랄드빛 바다를 자랑하며 종종 한국 이온 음료 광고의 배경이 되기도 한다. 해변을 벗어나면 세련된 음식점과 여유로운 거주 지역이 있고 오스트레일리아 최대 규모의 놀이공원도 여러 개 모여있다.

● 골드코스트

원주민 문화를 볼 수 있는 유적지

악마의 풀장

케언즈 근처에 위치한 깊은 웅덩이인 '악마의 풀장*Devil's Pool*'은 한 원주민 전설에 따라 이름 지어졌다. 전설에 따르면 젊고 아름다운 울라나*Oolana*라는 처녀와 와루누*Waroonoo*라는 존경받던 원로가 혼인했다. 하지만 결혼한 지 얼마 지나지 않아 울라나는 다이가*Dyga*라는 젊고 잘생긴 청년과 사랑에 빠졌고 둘은 계곡으로 사랑의 도피를 했다. 이 사실을 알게 된 마을 원로들은 그들을 쫓아가 둘을 사로잡았다. 하지만 울라나는 마을 원로들의 손아귀에서 벗어나 절벽 위에서 몸을 던졌는데 울라나가 떨어진 곳이 바로 이 악마의 풀장이다.

1959년 이후 19년 동안 많은 사람이 이곳에서 익사했는데 희생자 중 두 명을 제외하고는 모두 남성이다. 전설에 따르면 울라나의 영혼이 아직 다이가를 찾아서 이곳을 맴돌며 남자들을 물속으로 유혹한다고 한다. 악마의 풀장에 있는 비석에는 '그는 이곳을 방문했고 영원히 남았다'라는 문장이 쓰여있다.

카카두 국립 공원

세계 문화유산으로 지정된 카카두 국립 공원은 오스트레일리아에서 가장 큰 국립 공원으로 약 4만~6만 년 동안 원주민이 거주했던 곳으로 추정된다. 기록으로 남아있는 것 중에서는 지구상에서 인간이 가장 오랫동안 거주했던 장소로 알려져 있다.

오랜 기간 원주민이 거주했던 만큼 몇천 년 전 그려진 여러 암면 미술을 볼 수 있는데 5,000점이 넘는다고 한다. 암면 미술은 고고학적으로도 의미가 깊다. 가장 최근의 빙하기 전인 최신세 때부터 사냥 방식, 사회 구조, 종교적 의식까지 그림을 통해 엿볼 수 있다.

카카두 국립 공원은 넓은 습지대, 여러 개의 폭포, 갯벌, 삼림지대로 이루어져 있어 여러 동식물의 은신처가 되고 있다. 특히 다양한 종류의 새를 볼 수 있는 곳으로 유명하다.

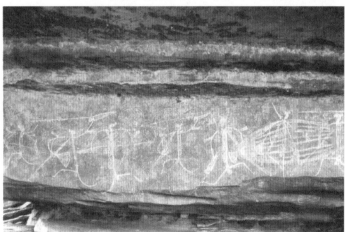

● 카카두 국립 공원에 있는 암면 미술
(출처-Travolution360, CC BY-ND 2.0, via Wikimedia Commons)

울루루는 높이 348미터, 둘레 9.4킬로미터인 모래바위로 에 펠탑보다 높다. 1950년에 국립 공원으로 공표되었고, 1958년 국립 공원 용도로 쓰기 위해 원주민 소유지에서 분리시켰다. 원 주민에게 땅과 자연은 매우 중요한 문화적 의미가 있고 울루루 역시 예외는 아니었다.

울루루 근처에는 아난구*Anangu* 민족 집단이 1만 년 넘게 살 고 있었고 이들 선조의 영혼이 깃든 영적인 장소가 40개 넘게 위치해있었다. 그렇기 때문에 이들은 35년간 이곳을 되찾기 위

● 울루루

해서 온갖 캠페인을 벌였으며 결국 1985년 10월 다시 울루루를 돌려받을 수 있었다. 하지만 35년 동안 국립 공원으로 운영되면서 관광객으로 인해 울루루 여러 곳에 위치해있던 바위 그림이 상당수가 훼손되었다.

현재는 아난구 민족 집단이 울루루를 100퍼센트 소유하고 국립 공원을 관리하는 오스트레일리아 정부에게 임대해주고 있다. 원래는 등반을 삼가해달라는 원주민 측의 권고 정도만 있었지만 (물론 대부분의 사람은 당연히 이들의 뜻을 존중했다) 2019년 10월 26일부터 지반 보호를 위해 울루루 등반이 법적으로 전면 금지되었고 울루루 국립 공원 중 몇몇 장소는 원주민이 아닌 이들의 방문을 금지하고 있다.

여름이 되면 울루루의 기온은 섭씨 47도까지 올라간다. 겨울에는 영하 7도까지 떨어진다. 매년 25만 명이 넘는 사람이 울루루를 찾는다.

이민의 역사를 볼 수 있는 유적지

이민 역사 박물관

빅토리아주에 위치한 이민 역사 박물관은 고향을 떠나 오스트레일리아에 정착한 이민자의 이야기를 시청각 자료 및 사진 등을 통해 보여주고 있다. 이를 통해 고향은 무엇이며 오스트레일리아의 이민 정책이 어떻게 변화했는지 알 수 있다.

오스트레일리아 여러 이민자 동네

다채로운 이민의 역사를 대변하듯 오스트레일리아에는 한 동

● 이민 역사 박물관(출처-Rexness, CC BY-SA 2.0, via Flickr)

네에 한 민족이 모여 살면서 그들만의 커뮤니티를 구축한 경우
가 많다. 오래전에 이민 온 이탈리아나 그리스 사람은 시내 중
심가에 자리 잡은 반면 이민 역사가 최근일수록 변두리에 정착
한 것을 관찰할 수 있다. 이것만 봐도 주류 오스트레일리아 사회
와 막 오스트레일리아에 도착한 이민자의 경제적 혹은 사회적
위치를 실감할 수 있다.

이와 같은 현상은 오스트레일리아에 새로 정착하는 이민자
가 정착지를 고를 때 본인과 같은 문화권의 사람이 사는 지역
을 선택함으로써 심리적 안정 및 생활의 편리를 추구하기 때문
에 더욱 뚜렷해지고 있다. 나 또한 시드니 시내에서 약 20분 거
리에 있는 한인 지역인 스트라스필드에 거주한 적이 있는데 오

스트레일리아에서는 접하기 힘든 바지락 손칼국수, 순대국밥, 해장국, 찹쌀도넛, 명랑핫도그 등을 먹을 수 있어 향수를 달랠 수 있었다. 영어가 유창하지 못한 교민에게는 한인 치과, 한인 부동산, 한인 안경점 등의 편의 시설이 있어서 편리하다.

비슷한 예로 거주민 중 45퍼센트가 중국인이어서 모든 간판이 중국어로 되어있는 버우드와 거주민 중 41퍼센트가 베트남인이어서 베트남에서와 똑같은 맛의 쌀국수를 먹을 수 있는 카브라마타가 있다.

특정 지역에서 온 이민자 동네라고 해도 시간이 지나고 세대 교체가 이루어지면 자연스럽게 다문화화가 이루어지는 곳도 있다. 그도 그럴 것이 이민자 부모가 오스트레일리아에서 낳은 자식은 오스트레일리아 주류 문화에 적응되어있고 언어 소통에도 문제가 없기에 굳이 이민자 동네에 거주할 필요를 느끼지 못하기 때문이다. 예를 들어 2차 세계 대전 후 멜버른 북쪽 동네는 그리스와 이탈리아에서 온 이민자 위주로 모여 살았지만 현재는 여러 문화권의 사람이 다 같이 모여 사는 다문화 동네가 되었다.

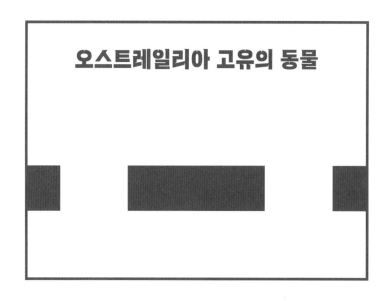

오스트레일리아 고유의 동물

캥거루, 코알라 등 오스트레일리아에서만 볼 수 있는 특이한 동물이 있다. 섬나라 특성상 새로운 포식자가 등장하지 않았고 기후 또한 오랜 시간에 거쳐 서서히 바뀌었기 때문에 이 동물들은 새로운 진화를 할 수 있었다.

과학적 증거에 따르면 2만 년 전 오스트레일리아에는 3미터 크기의 캥거루, 2톤 무게의 웜뱃, 양 크기의 바늘 두더지, 에뮤 크기의 두 배였던 새와 사자 등이 살았다고 한다.

이런 동물이 멸종한 이유는 여러 가지 의견이 있는데 그중 인간에 의해 초목 환경이 바뀌었고 기후 또한 건조해지면서 먹이가 부족한 대형 동물이 줄어들기 시작했으며 식습관이 특이한 동물은 없어지거나 진화를 통해 작아졌다는 설이 가장 신빙성이 있다. 오스트레일리아 동물에 대한 연구는 현재 진행형이며 아직까지 발견되지 못한 동물도 많이 있다.

캥거루와 왈라비

● 캥거루(출처-Nickliv, CC BY 2.0, via Flickr)

캥거루와 왈라비는 오스트레일리아와 파푸아뉴기니에서만 서식한다. 앞다리보다 뒷다리가 길고 균형을 잡기 위한 꼬리를 갖고 있으며 주로 밤에 활동하는 야행성 동물이다.

앞주머니를 갖고 있는 캥거루와 왈라비는 오스트레일리아 어디서든지 찾아볼 수 있다. 넓은 평지에서는 붉은 캥거루를, 숲속에서는 회색 캥거루를, 바위가 많은 지역에서는 바위 왈라비를, 북퀸즐랜드의 산속에서는 나무 캥거루를 볼 수 있다. 사막이나 우림 속에서도 캥거루와 왈라비를 목격할 수 있다.

캥거루는 뒤로 걸을 수 없고 앞으로만 걸을 수 있는데 이러한 특성 때문에 '앞으로 전진한다'는 의미를 담아 오스트레일리아의 국장에 들어가있다.

코알라는 곰과라고 알고 있는 사람이 많지만 캥거루와 같은 유대목 동물이다. 코알라의 평균 수명은 10~20년 정도이며 지역에 따라 털 색깔이 다른데 북쪽에 사는 코알라는 밝은 회색을, 남쪽에 사는 코알라는 회색과 갈색이 섞인 색을 띤다.

● 코알라

코알라는 유칼립투스 이파리만 먹는 것으로 유명하다. 유칼립투스 이파리는 질기고 약간의 독이 있는 기름을 함유하고 있어 소화하기 쉬운 먹이가 아니지만 코알라의 장에 있는 얇고 긴 충수가 소화를 도와준다. 이 충수는 약 2미터까지 자라는데 정확히 어떠한 원리로 소화 기능을 돕는지는 아직 밝혀지지 않았다.

코알라는 먹이로만으로는 에너지를 충당하지 못해 낮에는 거의 잠을 자면서 에너지를 보충하고 밤에 먹이를 찾아 나선다. 코알라는 물을 마시지 않는데 나뭇잎에 묻은 이슬을 핥아 먹는 것만으로 수분을 충분히 섭취할 수 있다고 한다.

코알라를 경제적 측면에서 살펴보면 그 영향력이 대기업 수

준이다. 코알라로 인해 창출된 일자리만 9,000여 개가 넘고 코알라를 보기 위해 오는 관광업만으로도 매년 11~25억 달러를 벌어들인다.

유칼립투스

백인이 오스트레일리아에 정착하기 전 오스트레일리아의 원주민은 주기적으로 산불을 냈는데 이는 사냥과 거주 지역을 옮기거나 거주 지역을 확보하기 위해서였다. 숲이 타 없어지고 난 자리에는 새로운 식물이 자랐고 갓 자란 묘종은 캥거루의 먹이가 되었는데 캥거루가 모여들면 사냥이 더 쉬워졌다.

이런 식으로 산불에 많이 노출된 오스트레일리아의 숲은 밀도가 점점 희박해지면서 식물의 다양성이 없어졌다. 이 때문에 주기적인 산불에도 잘 적응할 수 있는 식물인 유칼립투스 나무가 오스트레일리아의 식물 생태계를 지배하게 되었고 인간이 도착하기 전 가뭄에 적응했던 유칼립투스 나무는 인간이 오스트레일리아에 정착한 후 산불에도 적응해나갔다.

유칼립투스는 산불이 난 후 씨앗에서 다시 자라나는데 대부분의 유칼립투스 씨앗은 단단한 나무껍질에 둘러싸여 있어 불에 타 없어지지 않고 불이 꺼지면 껍질이 열리면서 밖으로 나와 발아된다.

유칼립투스 나무가 자라기에 완벽한 환경인 오스트레일리아에는 400여 종의 유칼립투스 나무가 있으며 오스트레일리아 이외의 나라에는 단 7종만이 자생종으로 남아있다.

쿼카

서오스트레일리아쪽 섬에서 사는 쿼카는 고양이 정도의 크기로 코알라, 캥거루와 같은 유대목 동물이다. 수풀에 무리지어 사는 야행성 동물로 장기간 물과 음식을 섭취하지 않고도 꼬리에 저장되어있는 지방을 연소하며 연명할 수 있다.

● **쿼카(**출처-Jolene Faber, CC BY 2.0, via Flickr)

짝짓기 시점부터 27일 후 새끼를 낳는데 만약 새끼가 살아남지 못한다면 자궁에서 성장이 멈춰 있는 다른 새끼를 빠른 기간 안에 성장시켜 출산할 수 있다. 포식자를 맞닥트렸을 경우 주머니에 있는 새끼를 버려서 미끼로 쓰고 달아나는데 이건 쿼카뿐 아니라 캥거루나 왈라비에서도 흔히 관찰할 수 있는 행동이다.

오리너구리

오리너구리는 포유류인데도 불구하고 부리가 있는 특이한 생김새 때문에 표본이 런던으로 보내졌을 때 학자들은 누군가가 장난친 것이라고 생각했다고 한다.

● 오리너구리

오리처럼 생긴 오리너구리의 부리는 유연하고 부드러우며 매우 예민한 기관이다. 이 부리는 오리너구리가 길을 찾을 수 있게 도와주고 먹이감이 내뿜는 전기 신호를 감지해서 사냥할 수 있게 도와준다.

암컷은 한번에 1~3개의 알을 낳는데 알에서 새끼가 태어나면 어미의 젖을 먹지만 오리너구리는 젖꼭지가 없다. 갓 태어난 새끼가 어미의 아랫배 부분을 빨면 피부에서 바로 젖이 나온다.

대체로 야행성인 오리너구리는 이른 아침이나 매우 늦은 밤에 볼 수 있으며 뉴사우스웨일즈주, 오스트레일리아 수도 준주, 빅토리아주 등 오스트레일리아 동부 지역에서 주로 발견된다.

웜뱃

통통한 체형, 큰 머리, 짧은 목 그리고 작은 눈과 귀를 가진 웜뱃은 날카로운 발톱과 힘센 다리를 갖고 있다. 보통 웜뱃은 축축한 숲속이나 언덕에서 살지만 남쪽에 사는 웜뱃은 메마른 평지를 선호한다.

야행성인 웜뱃은 땅굴을 파서 낮에는 주로 굴 안에서 생활하며 여러 마리가 모여 산다. 웜뱃은 두 살이 지나면 번식이 가능하다. 주로 9월과 12월 사이에 한 마리만 낳는다. 갓 태어난 새끼 웜뱃은 무게는 약 1그램을, 크기는 3센티미터를 넘지 않는다고 한다. 새끼 웜뱃은 태어나자마자 스스로 어

● 웜뱃(출처-JJ Harrison, CC BY 3.0, via Wikimedia Commons)

미의 주머니 안으로 기어가 약 7~10개월을 살다가 밖으로 나온다.

바늘두더지

바늘두더지 또한 피가 따뜻한 포유류이지만 알을 낳는다. 코알라와 마찬가지로 서식하는 지역에 따라 털 색깔이 달라지는데 북쪽의 따뜻한 지방에 사는 바늘두더지는 밝은 갈색을 띠고 남쪽으로 갈수록 털이 두꺼워지고 짙어진다. 오스트레일리아 최남단 태즈메이니아에 사는 바

● 바늘두더지
(출처-benjamint444, CC BY-SA 3.0, via Wikimedia Commons)

늘두더지는 아예 검정색이다. 이름에서 유추할 수 있듯 바늘두더지는 고슴도치처럼 뾰족한 바늘이 몸을 덮고 있다.

에뮤

에뮤는 60킬로그램의 몸무게에 2미터까지 자란다. 오스트레일리아에서 제일 큰 새이며, 전 세계에서 타조 다음으로 크다. 에뮤는 타조, 거위, 키위새처럼 날개가 퇴화되어 나는 힘이 없고 튼튼한 다리로 지상에서 생활한다.

에뮤의 깃털은 아주 굵고 거칠기 때문에 여러 기후에 적응할 수 있고 생존력이 매우 강하다. 조용하고 사람이 없는 오스

● 에뮤(출처-J. Patrick Fischer, CC BY-SA 4.0, via Wikimedia Commons)

트레일리아 중앙의 건조한 언덕과 북쪽에 있는 열대 삼림 지대 그리고 고지에 있는 추운 지역에 산다.

포섬

포섬은 핑크색 코와 긴 수염, 큰 귀 그리고 매우 날카로운 발톱을 가지고 있다. 거주하는 지역에 따라 크기와 색깔에 차이가 나는데 태즈메이니아처럼 추운 지방에 사는 포섬은 회색이나 검정색이며 추운 환경에 적응하기 위해 몸집이 크고 털도 많다. 그에 반해 더운 지방인 퀸즐랜드에 사는 포섬은 구릿빛 색깔에 몸집도 작다.

● 포섬

포섬은 보통 숲이나 나무가 우거진 계곡 근처에서 살지만 가로수만 있어도 잘 적응하기 때문에 시내에서도 쉽게 볼 수 있다. 나뭇잎, 꽃, 과일뿐 아니라 음식물 쓰레기 등 아무거나 잘 먹는 습성이 있어서 집 창문을 열어놓으면 주방에서 과일을 훔쳐가기도 하고 찬장을 뒤지기도 한다.

포섬은 야행성 동물로 울음소리가 성인 남성의 거친 숨소리와 거의 똑같아 새벽에 혼자 있을 때 창문 밖에서 포섬의 울음

소리가 들리면 매우 무섭다.

보통 5~6월이 번식기이고 임신 기간이 총 17일밖에 되지 않는다. 갓 태어난 포섬은 바로 어미의 주머니를 찾아 기어들어가 5개월 동안 주머니 안에서 젖을 먹으며 생활한다.

물총새

● 물총새(출처-JJ Harrison, CC BY 3.0, via Wikimedia Commons)

물총새는 오스트레일리아 고유의 새로, 사람의 웃음소리와 비슷한 소리를 내는 것으로 유명하다. 여러 마리의 새가 동시에 "쿠쿠쿠쿠카카카카카카"와 같은 소리를 내면 처음 듣는 사람은 두려움을 느끼기도 한다.

물총새는 강한 부리를 사용해 물고기, 뱀, 도마뱀, 쥐, 지렁이 등을 사냥하는데 몸집이 큰 뱀이나 도마뱀은 일단 부리로 잡은 뒤 나무나 돌덩어리에 여러 번 내리쳐 죽인다. 숲속, 언덕 혹은 삼림 지대에 서식하며 한 장소에 정착하면 평생 같은 장소에 머물고 평생 한 마리만 동반자로 삼는다.

오스트레일리아의 위험한 생물들

오스트레일리아에는 위험한 생명체가 많기로 유명한데 악어처럼 사람이 거주하는 지역에서 쉽게 찾아볼 수 없는 동물도 있지만 해파리나 거미처럼 주변에서 흔히 볼 수 있는 것도 많다. 때문에 오스트레일리아에서는 어린 나이부터 위험한 동물이나 곤충에 대한 교육을 받는다.

상자해파리

● 상자해파리(출처-Impasse, CC BY 3.0, via Wikimedia Commons)

매우 강력한 독을 갖고 있어서 물고기나 새우 등을 바로 마비시키거나 죽일 수 있다. 엷고 투명한 파란색의 상자해파리는 최대 열다섯 개의 촉수가 약 3미터까지 자란다. 상자해파리의 촉수에는 독침 세포가 있는데 촉수 한 개에 담긴 독으로 60명의 사람을 죽일 수 있다. 상자해파리의 독은 세상에서 제일 강력한 독 중 하나로 알려져 있다. 다른 해파리보다 더 진화된 상자해파리는 몸통 네 면에 눈이 다 달려있고 의식을 갖고 움직인다.

코브라붙이

● 코브라붙이(출처-SuperJew, CC BY-SA 4.0, via Wikimedia Commons)

성격이 더러운 독사로, 오스트레일리아에는 이 뱀에 물린 사상자가 많다. 전 세계에 있는 모든 뱀 중 두 번째로 독성이 강하며 주로 쥐를 잡아먹기 때문에 사람이 많은 지역에서 서식하는 것을 좋아한다. 코브라붙이의 독은 서서히 몸을 마비시켜 몇 분 안에 사람을 쓰러뜨릴 수 있으며 이를 해독하려면 많은 양의 해독제가 필요하다.

호랑이뱀

● 호랑이뱀(출처-JAW, CC BY-SA 3.0, via Wikimedia Commons)

평균 길이는 1.2미터이지만 2.4미터까지 자랄 수 있다. 큰 크기와 맹렬한 독은 인간에게 매우 위험하다. 다행히 호랑이뱀은 태생이 내성적이고 충돌을 피하는 습성이 있다. 하지만 도발되면 세게 물며 공격한다. 호랑이뱀의 독은 신경을 마비시키고 피를 응고시키며 곧바로 치료하지 않으면 사망할 수 있다.

깔때기거미

깔때기 모양의 거미집을 만들기 때문에 깔때기거미라고 부른다. 반짝반짝하는 검정색 혹은 짙은 갈색을 띠며 오스트레일리아에서 가장 많이 알려진 독거미 중 하나이다. 깔때기거미의 독은 인간에게 치명적이다. 어둡고 습기 있는 차가운 공간을

● 깔때기거미(출처-Doug Beckers, CC BY-SA 2.0, via Wikimedia Commons)

좋아하기 때문에 종종 신발 안에 들어가서 숨기도 한다. 이러한 이유로 오스트레일리아 아이들은 어렸을 때부터 신발을 신기 전에 신발을 털도록 교육을 받는다. 나도 어렸을 때부터 이 습관에 길들여져서 오스트레일리아에 있지 않아도 신발을 털고 나서 신는 버릇이 있다.

바다악어

파충류 중 가장 큰 바다악어는 크기에 걸맞게 인간을 먹이로 보고 공격한다. 그래서 바다악어 서식 지역 근처에는 항상 경고문이 부착되어있다. 그러나 경고문을 무시하는 사람은 늘 있기 마련이라 바다악어의 공격을 당해 사망할 뻔한 사건은 끊이질 않고 있다.

바다악어는 1970년대에 보호 대상 동물로 분류되어 개체 수가 점점 늘어나고 있다. 이로 인해 인명 사고도 늘어나고 있는데 주로 수영하거나 카누를 타는 도중에 바다악어에게 공격당한다고 한다.

바다악어는 보통 야행성이지만 낮에도 먹이 사냥을 하며 제압할 수 있

● 바다악어(출처-Bernard Dupont, CC BY-SA 2.0, via Wikimedia Commons)

는 동물이라면 무엇이든지 먹어치운다. 크기가 작은 악어는 갑각류나 곤충처럼 작은 동물을 사냥하지만 큰 악어는 물소 크기만한 동물뿐 아니라 동족도 잡아먹는다. 위가 작은 편이라서 먹이가 남으면 물속이나 나무 뿌리 사이에 저장해놓고 나중에 먹는다.

푸른고리문어

● 푸른고리문어

바다에서 가장 위험한 동물 중 하나로 알려진 푸른고리문어는 아주 강력한 독을 이용해 게나 작은 물고기를 죽인다.

다행히 푸른고리문어는 공격성이 낮아서 사람이 다가오면 숨거나 도망가는 편이다. 특유의 영롱한 색에 매료된 아이들이 다가가서 만지는 경우가 아니라면 사람을 공격할 가능성은 낮다. 푸른고리문어는 복어의 독성분과 똑같은 테트로도톡신을 갖고 있는데 여기에 쏘이면 몇 분 이내에 입술과 혀가 마비되어 호흡이 힘들어지면서 호흡 기관이 완전히 멈춘다고 한다.

까치

한국에서는 길조로 통하는 까치가
오스트레일리아에서는 위험한 동
물로 분류되다니 의아할 수도 있
다. 하지만 오스트레일리아 까치는
유독 공격성이 강하며 특히 알 품
기 기간에는 영역에 매우 예민하여
지나가는 사람을 쪼는데 특히 눈알

● 까치(출처-Toby Hudson, CC BY-SA 3.0, via
Wikimedia Commons)

을 집중 공격하기 때문에 조심해야 한다. 까치한테 공격당해 눈에 구멍이
뚫려 수술을 받는 사람도 가끔 있다.

열대산 쏨뱅이목

전 세계에서 제일 독성이 강한 물
고기로, 위장에 매우 능해 얼핏 보
면 돌이나 산호초로 보인다.
회색이나 갈색인 몸통에 노란색,
오렌지색 혹은 빨간색 무늬가 있어
자칫 물고기인지 잘 모른다.
열대산 쏨뱅이목은 열세 개의 날카
로운 등지느러미가 있어서 맹독을

● 열대산 쏨뱅이목(출처-Bernard Dupont,
CC BY-SA 2.0, via Wikimedia Commons)

쏠 수 있다. 위장에 능한 만큼 사람이 다가와도 도망가지 않고 등지느러
미로 맹독을 쏜다.

함께 생각하고 토론하기

오스트레일리아에서만 찾아볼 수 있는 신기한 동물이 많이 있습니다. 이 동물들은 매년 오스트레일리아에 엄청난 경제적 이득을 가져다주고 있기 때문에 오스트레일리아 정부에서는 자연환경을 보존하기 위해 많은 노력을 하고 있습니다.

● 관광 상품으로 적합한 한국의 동식물 혹은 자연 경관은 무엇이 있으며, 이를 보존하기 위해 어떤 노력을 해야 하는지 토론해봅시다.

오스트레일리아 속 한국 문화

내가 처음 오스트레일리아에 온 2001년만 해도 오스트레일리아에서는 한국이라는 나라가 생소했다. 내가 정착한 도시가 시드니나 멜버른보다 상대적으로 인구가 적은 브리즈번이었다는 것도 한몫했겠지만 학생이 1,000여 명이 넘었던 초등학교에서 한국어를 할 줄 아는 학생은 나 혼자였고 '코리아'에서 왔다고 하면 "핵무기를 개발한다는 나라?" 혹은 "그게 차이나?"라고 되묻기도 했다. 집에서 싸온 멸치볶음을 보고는 잔인하게 머리랑 눈이 달려있는 생선을 통째로 먹는다고 아이들은 기겁했고 내 도시락에서 이상한 냄새가 난다며 대놓고 얼굴을 찌푸리는 아이들도 있었다.

하지만 지난 10여 년간 오스트레일리아에서 한국이란 나라의 입지는 공고하고 단단해졌다. 경제적 위치뿐 아니라 문화적인 영향력은 예전과 비교하면 상상조차 할 수 없을 정도이다.

주요 도시에 있는 여러 오스트레일리아 영화관에서는 최신 한국 영화들을 공식적으로 수입하여 영어 자막과 함께 상영하고 한국 식품점과 한국 식당에서는 오스트레일리아 사람을 쉽게 찾아볼 수 있다. 중학교 1학년 때 나에게 이상한 음식을 먹는다고 했던 동창이 10년 뒤 어떤 브랜드의 김치가 제일 맛있냐고 물어보게 될 줄은 상상도 못했었다. 한국 특유의 치킨 역시 오스트레일리아에서 인기를 끌고 있는데 한국에 있는 대형 프랜차이즈 치킨 브랜드 중 몇몇은 이미 오스트레일리아에 지점이 있다. 오스트레일리아 사람은 그것을 '코리안 프라이드 치킨'이라고 부르며 열광한다. 한국 고기집처럼 자리에 앉아서 고기를 구울 수 있는 식당을 오스트레일리아를 비롯한 영미권 국가에서는 '코리안 바비큐'라고 부르는데 오스트레일리아에서는 이 코리안 바비큐가 한국 대표 음식이라고 할 만큼 인기가 좋다. 가만히 앉아서 음식을 기다리는 것이 아닌 자기가 직접 고기를 조리할 수 있다는 사실이 흥미로운지 회식 때 흔히 등장하는 아이템 중 하나이다.

전 세계를 휩쓸었다는 K-POP 열풍은 오스트레일리아에도 상륙했는데 10년 전까지만 해도 거리 곳곳에서 쉽게 K-POP 노래를 들을 정도는 아니었지만 지금은 뉴진스, 블랙핑크 혹은 방탄소년단의 노래를 흔하게 들을 수 있다.

앞으로 오스트레일리아에서 다양한 한국 문화가 더 많이 전파되기를 기대해본다.

참고 자료

- Andrews, M. (1984). Australia Year by Year: A Concise History of Australia in 1770. Sydney: Trocadero Publishing
- Australian Institute of Aboriginal and Torres Strait Islander Studies. (2018). The Little Red Yellow Black Book: An introduction to Indigenous Australia. Canberra: Aboriginal Studies Press
- Behrendt, L. (2021). Indigenous Australia for Kids. Milton: John Wiley & Sons Australia
- Burridge, K. (1998). English in Australia and New Zealand: An Introduction to its History, Structure and Use. Oxford: Oxford University Press
- Clarke, F.G. (1992). Australia - A Concise Political and Social History. Sydney; Harcourt Brace Jovanovich Publishers
- Clarke, F.G. (2003). Australia in a Nutshell: A Narrative History. Sydney: Rosenberg Publishing Pty Ltd
- Coughlan, J.E. (1997). Asians in Australia. South Yarra: Macmillan Education.
- Fisher, L. (2016). Hope and Disenchantment: Aboriginal Art and Australian Society. London: Anthem Press
- Galligan, B., McAllister, I. & Ravenhill, J. (1997). New Developments in Australian Politics. South Melbourne: Macmillan Education Australia
- Greig, A. (2013). The Australian Way of Life: A Sociological Introduction. South Yarra: Palgrave Macmillan
- Hampshire, D. & Kidd, M. (2007). Culture Wise Australia. Bath: Survival Books Limited
- Hampshire, D. (2013). Living and Working in Australia. Bath: Survival Books Limited
- Horne, D. (1985). The Story of the Australian People. Sydney: Reader's Digest
- Macdougall, A. (2004). Australia: An Illustrated History. Rowville: The Five Mile Press
- Miller, J. (2010). Australia's Greatest Disasters: The Tragedies That Have Defined a Nation. Wollombi: Exisle Publishing
- Peel, M. & Twomey, C. (2011). A History of Australia. New York: Palgrave Macmillan
- Penrith, D. & Kelly, S. (2005). Live and Work in Australia & New Zealand. Oxford: Vacation Work
- Rickard, J. (2017). Australia: A Cultural History. Clayton: Monash University Publishing
- Robbins, J. & Summers, S. (2009). Indigenous Affairs Policy. In I. Cook, M. Walsh & J. Harwood (Ed.). Government & Democracy in Australia. South Melbourne: Oxford University Press
- Smith, R. (2001). Australian Political Culture. Camberwell: Pearson Education Australia

- Wicks, G. (1983). Australia: A Way of Life. Sydney: John Ferguson Pty Ltd
- Yang, M.D. (2003). Australia and Korea: The 120 Years of History. Sydney: Korean Society of Sydney

http://adb.anu.edu.au/ http://dfat.gov.au
http://digital.slv.vic.gov.au
http://edition.cnn.com
http://regional.gov.au
http://thecommonwealth.org
http://whc.unesco.org/en/list/577
http://www.abs.gov.au
http://www.aec.gov.au
http://www.antarctica.gov.au
http://www.australia.com
http://www.australia.gov.au
http://www.australiangeographic.com.au
http://www.education.vic.gov.au
http://www.environment.nsw.gov.au
http://www.ga.gov.au
http://www.greatbarrierreef.org
http://www.loveaustraliaorleave.com.au

http://www.magpiealert.com
https://australianmuseum.net.au
https://banknotes.rba.gov.au
https://parksaustralia.gov.au
https://www.aph.gov.au
https://www.bushheritage.org.au
https://www.cia.gov
http://heardisland.antarctica.gov.au
https://www.cocoskeelingislands.com.au
https://www.homeaffairs.gov.au
https://www.nationalgeographic.com
https://www.affordable-housing-party.org
https://www.visitnsw.com